映画の感傷

sentimental notes

madoka yamasaki

はじめに　鑑賞のスーベニール

この本に収録されているエッセイの多くは、映画公開時の劇場用パンフレットに私が寄稿したものだ。

映画のパンフレットの仕事は好きだ。雑誌やインターネットに映画の話を書くのも楽しいが、パンフレットに掲載するコラムやエッセイを頼まれると、その作品へのコミットが深まるような気がして、背筋が伸びる。「この映画のパンフレットに書けたらいいな」と思った作品について依頼をもらうと、その映画と両想いになれたようで嬉しい。もちろん、そんなのは幻想だと分かっているけれど。

〝映画の劇場用パンフレットの文章〟には、独特なものがある。映画のパンフレットに載せる文章は基本的に見た後に読んでもらうことを前提としているので、その映画を見てもらうために書くレビューと違って、自由度が高い。もしかしたら映画が始まる前に客席でパンフレットを読んでしまうという人もいるかもしれないが、できれば映画が終わって劇場が明るくなるまでは、待った方がいい。しかし、パンフレットは映画の関連商品ともいえるものなので、純粋な批評かといわれれば、また違う。

私には私なりの〝映画パンフレットの文章〟に対する考え方がある。映画の背景や本質が伝わるものを書きたい。と、同時になるべく感傷的に、エモーショナルに書きたい。

初めて映画のパンフレットに文章を書いたのは、２００２年。フランス映画社によるゴダールの『ウィークエンド』（67）の再映と『フォーエヴァー・モーツァルト』（96）のロードショーの時だった。その両方のパンフレットに書かせてもらった。その次が確か『アップタウン・ガールズ』（03）。ブリタニー・マーフィ演じるお金持ちのわがまま娘だったヒロインが無一文になって、ベビーシッターとして働き始めるという話で、彼女が相手をする子役がダコタ・ファニングだった。そのファニング扮するアッパー・イーストのお金持ちの少女が家出する先がコニー・アイランドで、モリス・エンゲルとルース・オーキンが撮った『小さな逃亡者』（53）に連なる作品だと書いた。こういう、小さくて他愛のない映画について丁寧に書かせてもらえる媒体は、その作品のパンフレットしかない。

今まで、八十本近い映画のパンフレットに原稿を書いてきた。20代の私からすると、信じられないような話である。映画はずっと好きだったが、長い間、自分は気楽な観客なのだと考えてきた。映画について自分が何か書けるなんて大それたことは、20代後半になってテキスト・サイト（*Romantic au go! go!*）を始めるまでは考えたこともなかった。

劇場公開する映画の出演者やクリエイターの情報、制作秘話、インタビューを載せた日本のパンフレットのような媒体は、他の国に類を見ないものではないだろうか。少なくとも、外国の映画配給会社がパンフレットを作って販売しているという話は聞いたことがない。この国だけの文化なのかもしれない。

劇場で映画を見始めた10代の頃は、気に入った作品のパンフレットはかならずといっていいほど買っていた。その映画についてのくわしい情報が特に欲しかったというよりも、好きな映画ならばパンフレットを持っていて当たり前だと思っていたからだ。美しいスチール写真が掲載された小さな冊子は、映画館で映画を見たことに付随するスーベニールのようなものだ。ブロックバスターの映画の派手やかで大きなものよりは、上映館の名前が入っているミニ・シアター映画のパンフレットが好きだった。今はもうなくなってしまったシネマ・ライズのパンフレットには、その映画に出てくる料理を再現する連載のコーナーがあって、いつも楽しみにしていた。ミニ・シアターのパンフレットは劇場ごとに個性があって、映画館でしか買えない雑誌を購入するような感覚に近かった。

20代になってからは、古い映画のパンフレットを古本屋で探すようになった。60年代映画のブームの時で、たまたま立ち寄った地方の古本屋で、『魚が出てきた日』(68)やディーン・マーティン主演の『サイレンサー』シリーズ(66~68)といったマイナーな映画のパンフレットを見つけて、興奮したことがある。前者は2011年のリバイバル・ロードショーでようやく見た。ギリシアの島での核兵器をめぐる騒動を描いたブラック・コメディで、試写で見た直後に東日本大震災が起きたので、忘れられない映画になった。007のお気楽な模倣の『サイレンサー』シリーズは四作全てをテレビ東京の昼のロードショーで見ている。オープニング・タイトルが凝っていて、サントラの音楽が洒落ていて、60年代ファッションに身を包んだ美女がたくさん出てくる。そんな映画に再評価が集まっていた時代だ。テレビの深夜に放映されて、興奮して録画したゴア・ヴィダル原作の『マイラ』(70)、今はなき御茶ノ水のレンタル・ショップ「ジャニス」で輸入版のVHSを何度も借りて見たラス・メイヤー監督の『ワイルド・パーティー』(70)。気に入った旧作映画の日本公開時のパンフレットを古書店で探すのが楽しみになった。

90年代はリバイバル・ロードショーも盛んで、スタイリッシュなデザインのフライヤーやパンフレットが付きものだった。私自身はなくしてしまったものも多いけれど、90年代のリバイバル上映に関連するこうしたエフェメラには、もうプレミアが付いているはずだ。

河原晶子、川本三郎、海野弘、芝山幹郎、滝本誠、川勝正幸、小西康陽。80年代から90年代にかけて、私が熱心にパンフレットのコラムやエッセイ、評論を読んでいた時に好きだった書き手たち。単に映画に関する情報を補完するだけではなく、その映画の背後にある世界、その映画から広がっていく世界を感じさせてくれる素晴らしい文章がたくさんあった。

何よりも忘れられないのは、日比谷シャンテでリバイバル上映されたジャン・ルノワールの『黄金の馬車』(91)のパンフレットに掲載されていた岡崎京子の「転倒する黄金の映画」と題されたエッセイだ。これがもう、素晴らしかった。何か特別な知識を持って書いているというのではないけれど、あの映画のエッセンスを見事にとらえた文章。私が『黄金の馬車』を見ていた時に動いた感情が、放物線となってここに焼きつけられている。映画館から帰る電車の中で読みながら、波のように映画の残像が押し寄せてきた。ひとりのアーティストの作品に対しての、別のアーティストからの魂の返答みたいな文章で、これ自体が作品になっている。単なる映画に対する感想ではない。いわゆる映画評論家でも、シネフィルでもない人の書いた映画に関する文章で、心に残るものがある。私もこういうものが書きたい、とつい思ってしまうような文章だ。武田百合子が書く映画の話がそうだし、ヒルトン・アルスのエッセイもそうだ。岡崎京子が書くものもそう。ヴィエラ・ヒチロヴァーの『ひなぎく』(66)のフライヤーに寄せた彼女のコメントもすごかった。20代の時は、私がいつか映画のパンフレットに書くことがあったならば、「転倒する黄金の映画」のような文章を書きたいと思っていた。今も変わらない目標としてそれはある。

しかし、今のこの時代に映画館で売るパンフレットの存在意義とは何だろう。映画のくわしい情報や、俳優や監督、スタッフのインタビューならばインターネットでいくらでも手に入る。映画の画像や映像もそうだ。映画会社からオフィシャルで提供されるスチール写真とは違う、映画ファンが好きにキャプチャーした画面やGIFやミームがネットには溢れている。そもそも、映画館で映画を見る必要がない。テレビ放映やDVDレンタルを待つまでもなく、ネット配信で次から次へと新作映画が押し寄せてきているではないか。

でもそんな空前のサブスク時代だからこそ、映画の記憶を留めること、手元に残すことが大切に思えてくる。好きな映画がいつも配信されているとは限らない。配信会社の都合で映画はネットから消えていく。いつも手に届くと思って後回しにしているうちになくなってしまったり、膨大な作品群に埋もれてしまったり。誰でも簡単に手にできるようになって、映画はより儚くなったのだ。

だったらソフトを買えばいいかというと、そういうことでもない。VHSからレーザーディスク、DVD、そしてブルーレイへ。ソフトの形態はどんどん変わっていく。どんなにソフトをコレクションしても、いつかはハードが壊れて使えなくなってしまう、そしてハードそのものの製造が中止されればそれで終わりだ。映画を完全に手にすることなんて、きっとできないのだ。観客に残るのは、映画の記憶でしかない。ただ作品の記憶ではなく、それを見た時の自分や、見に行った場所や、映画が終わった後に見た風景を含む、その人だけの思い出だ。映画は観客の個人的なものになり、誰からも奪われない。映画のパンフレットは、その記憶を喚起する装置として機能するものであって欲しい。単なる映画鑑賞を、固有の経験に変える何かであって欲しい。

どんなに自宅のいい環境で映画が見られるようになっても、映画館で見る作品にはやっぱり特別なものがある。ささやかでも、不完全でも、胸が締めつけられるようなシーンが一つあればどうしようもなくその映画を愛してしまう。他の観客と共に映画を見ていて自分の中にひそむセンチメントが刺激される時、映画館の暗闇に見えない紙吹雪が降り注ぐ。それは私だけのものではない、誰かの感傷が降らせるものなのかもしれない。劇場の中の暗闇が晴れると、それは消えてしまう。ポップコーンの残骸やチラシと共に床に散らばるゴミにさえならない。そんな瞬間を閉じ込めることができたら素敵だ。スノードームを逆さにしてキラキラと作り物の雪を降らせるように、誰かの映画の記憶を呼び戻すことができたら。

映画のパンフレットに文章を書く時は、いつもそんなことを考える。

映画の感傷　目次

3　思春期というアメリカ映画の神話　169

4 未熟なロマンス、大人のロマンス 223

CHAPTER 1

映画の彼女とわたしたちの傷あと

はじめてのルノワール――『ピクニック』（36）

私がジャン・ルノワールの映画を初めて見たのは20歳の時だった。

日比谷の映画館でリバイバル上映されていた『黄金の馬車』（53）が終わって、私が喉を鳴咽に震わせながら劇場のドアを開けると、別のドアから自分とまったく同じように泣き腫らした目で出てくる男の子の姿が見えた。この映画に一緒に行く約束をしていたのに、待ち合わせ場所で会えなかった男友だちだ。

私たちは映画館のロビーで抱き合ってしばらく泣いていた。どうしてこんなに涙が出るのか、自分たちにも分からなかった。

それ以来、ルノワールの映画は私にとって特別な存在だ。彼の映画を見ている時に鳩尾《みぞおち》あたりから湧き上がる、あの高揚感は何だろう。光が体いっぱいに満ちてくるようで、陶然としてしまう。

それは『ピクニック』で、水辺にピクニックに来たアンリエットが感じている気持ちと同じもののはず。水夫のアンリたちがキッチンの窓を開けた瞬間、彼女の笑い声とブランコを揺らす姿がまばゆい光となってスクリーンから放たれ、誰もがその喜びの虜となって足を止める。子供たちも、修道士も、人生についてとうに知り尽くしている男たちでさえも。光を放ち、光の中で打ち震えるアンリエットは、その官能がどこから来るのか知らない。ただ、何かを察知して、その正体を母親に教えてもらおうとしている。輝きは喪失の予感をはらんで、見ている者の胸を一層締めつける。

『ピクニック』の歓び、まばゆさ、ルノワールのもとに集結した若い才能の全て、この晴れやかな日の全ては、アンリエットが女になることの悲しみに捧げられているのだ。

ボートから二度と戻らない日を振り返るように、川の流れが映し出されていく。

ボートの行き着く先に、あの日、全てを知って、少女だった時の全てを失ったアンリエットのあの顔がある。

歓びの頂点も失う悲しみもまだ知らない若い世代に、私は『ピクニック』を見てもらいたい。あの日の20歳の私たちのように。ルノワールの映画を見た時、私たちは何も知らなかった。だけども全てを知ったのだ。

どうしようもない私たちの物語――『タイニー・ファニチャー』(10)

今から七年前のことだ。

インターネットで、サウス・バイ・サウスウェストの映画祭で賞をとったインディ映画についての記事を見つけた。映画のタイトルは『タイニー・ファニチャー』。若干23歳の女性監督がデジタル・カメラで撮った低予算映画だという。ヒロインが写っている場面写真を見た時、私の胸は予感でざわめいた。彼女は花柄の袖からタトゥーの入った豊かな腕をのぞかせて、うつ伏せになって白い床に並べられたミニチュアの黄色い家具を見ている。虚ろなようでいて、何か複雑な気持ちが伝わってくるその瞳。私はきっと、この映画が好きになる。そして、この映画を作った女の子のことを好きになる。

予告編を見た時、その予感は確信に変わった。短い映像からも、ペントハウスの間取りをグラフィカルに使った画面構成の素晴らしさが伝わってくる。驚いたことに、ロケーションに使われたニューヨークのペントハウスは監督の本物の実家であり、ヒロインの母親を演じる著名なアーティスト、ローリー・シモンズは彼女の母親だという。姉よりはるかに出来のいい妹を演じているのも、実の妹のグレース・ダナム。そしてヒロインを演じている太めのメランコリックな女の子こそが、監督／脚本を務めたレナ・ダナム自身であった。

インターネットの時代だから、実際に『タイニー・ファニチャー』を見る前から、いろんな評判が伝わってくる。

ノーラ・エフロンが『タイニー・ファニチャー』を絶賛し、「初めてウディ・アレンのような女性の映画作家が現れた」と言ったらしい。

ジャド・アパトーが『タイニー・ファニチャー』を気に入って監督に声をかけ、彼のプロデュースでHBOのドラマ・シリーズを作ることが決まったという（2014年に『*GIRLS*／ガールズ』として放映スタート）。

そして、映画ファンの御用達ブランドであるクライテリオンから『タイニー・ファニチャー』のDVDのリリースが決定した。

何もかも破格の待遇だ。著名な映画監督さえ資金を集めて制作会社を見つけるのが難しい時代において、レナ・ダナムの快進撃はシンデレラ・ストーリーと言っていいものだった。私はそわそわと輸入DVDが届くのを待った。こんな風に誰かの作品を待ち焦がれたのは、ミランダ・ジュライの小説集以来のことだ。

映画のヒロイン、オーラはリベラル・アーツの大学を卒業したばかりの女の子。職もなく、彼氏も失った彼女は何の展望も持たずにニューヨークの実家に帰ってくる。白くてスタイリッシュなペントハウスの半分は、成功したアーティストである母親のスタジオになっている。オーラはそこでコンプレックスに苛まれながら、再び両親に依存する生活に戻っていく。

初めてこの映画を見た時の気持ちは、今も忘れない。それはレナ・ダナム自身の人生をベースにしたものだったが、私の物語でもあった。私は将来が定まらない大学卒業後のアンニュイな生活を覚えている。両親の世代と同じような成功は決して望めないだろうという失望感を、何かを表現したい、何者かになりたいという渇望を、でも何も努力をしていないという焦りや、自分自身に対する静かな怒りや、誰かに依存しなくてはならないという屈辱を。どん底の時に間違った相手をつかんで、いいように扱われる時の腹立たしい気持ちを。

そんなことをこんな風にリアルに、さりげなく表現できた映画の作家なんて今までいただろうか？　感嘆するのと共に、羨望さえも湧き上がってきた。私も自分の若い日を、混乱して、甘ったれた自分のままでこんな風に描くべきだったのだ。その頃はそんなものは価値がないと思っていた。でもそれは貴重だったのだ。みっともない私の物語は、この世界にとって、とても大事なものだった。レナ・ダナムの映画はそれを教えてくれた。

身近な人たちをキャストに迎え、監督と脚本、時には主演も兼任する。そんな形で作品を作り始めるインディ映画作家は少なくない。でも、レナ・ダナムは何か特別な気がした。一体、この女の子の何が他のインディ映画監督と違うのだろう？　デジタル・カメラを使ったフットワークの良さなのだろうか？　それとも身近な世界の描き方なのだろうか？

「私の世代で何かものを作ろうとしている人間で、彼女に嫉妬しないなんて人はいないでしょう」と30代の作家のエミリー・グールドは言う。

私たちは彼女の成功にも嫉妬するけれど、それ以上に彼女が作り出した表現の形態に嫉妬するのだ。だってそれは、本当は「私」がやるべきものだったから。「私」にだってできたはずのことだから。「私」だったらはこうはしない。「私」だったらもっと上手に描ける。たくさんの人々が、彼女の作品に対してそんな口を出す。そうして幾人かは、本当に自分の物語を語りだす。それがレナ・ダナムの作品のすごいところなのだ。

『タイニー・ファニチャー』はあくまでレナの物語だから、ニューヨークのトライベッカ出身という都会派の彼女らしいディテールにも満ちている。私が好きなのは、ジェマイマ・カーク演じる幼なじみがオーラをレストランのジ・オデオンに誘うシーンだ。「今からオデオンに行って、メニューを全部注文しようよ」。１９８０年代にトライベッカにオープンしたダイナー・レストランのジ・オデオンは、当時のヒップな文化人や遊び人の溜まり場だった。このふたりはきっと、そんなところに子供の頃から出入りしていた常連なのだ。本物のニューヨークっ子しか描けない、そんな場面に私はまたしても羨望を抱く。

不器用な女子を祝福する「ハ」――『フランシス・ハ』（13）

「今も街を歩いていると、自分は本当にニューヨークに住んでいるんだって気持ちがこみ上げてきて、泣きそうになるの」

グレタ・ガーウィグ自身がニューヨークについて語る言葉に、『フランシス・ハ』で街を疾走するヒロインの姿が重なる。ジョルジュ・ドルリューの音楽やデヴィッド・ボウイの「モダン・ラブ」にのって、フランシスはモノクロのニューヨークを駆け抜ける。喜びでいっぱいになり、走りながら笑い、大好きな友だちの手を取り、踊り、時には派手に転びながら。

グレタ扮するフランシスは、現代のニューヨークで夢に生きる若い女性の象徴のような主人公だ。しかし一昔前の『セックス・アンド・ザ・シティ』（98～04）のキャリー・ブラッドショーのように華やかでも、ハングリーでもない。モダン・バレエのダンサーを夢見ているが、キャリアは停滞気味だ。ダンス・カンパニーの正規の団員になれず、お財布の中身も、将来のビジョンも心もとない。フランシスに対する周囲の評価は「全然しっかりしていない」「大人の現実感がない」。今、こういう役を演じさせたら、グレタ・ガーウィグの右に出る者はいない。

映画は不況時代のニューヨークで、ブルックリンに暮らす芸術家志望の若者たちの暮らしぶりを上手にとらえている。フランソワ・トリュフォー映画のサウンド・トラックからの音楽や、ノスタルジックな雰囲気と瑞々しさが同居するモノクロの映像から、低予算で作られた初期のヌーヴェル・ヴァーグの作品を連想する人も多いだろう。

デジタル・カメラのキャノン5Dで撮られた『フランシス・ハ』は、実際にはマンブルコアと呼ばれるアメリカのインディ映画のムーヴメントに大きな影響を受けている。極端なくらいの低予算で作られ、出演者の多くがスタッフ兼任のアマチュアであるために台詞が不明瞭なことを揶揄して、マンブル（ぶつぶつつぶやく）コアと名付けられたこの一連の映画は、作家たちが閉ざされたサークル内での人間関係や日常を題材に選ぶことでも知られている。マンブルコア一派の代表的な監督のひとりであるジョー・スワンバーグの作品でデビューし、彼と一緒に『ハンナだけど、生きていく』（07）『*Nights and Weekends*』（08）といった自身の主演映画の脚本も書いてきたグレタ・ガーウィグは、「マンブルコアのジーナ・ローランズ」と呼ばれていた。まさしく、不況時代が生んだ女優である。

グレタ・ガーウィグがマンブルコア・ムーヴメントを超えてブレイクするきっかけは、ノア・バームバックの前作『グリーンバーグ』（10）でベン・スティラーの相手役に抜擢されたことだった。ミニマルの極みともいわれる彼女の自然な演技とフレッシュで生々しい肉体の存在感は、バームバックの作品に新たな息吹を吹き込んだ。当時、ロサンゼルスとニューヨークを行き来して拠点を失っていたバームバックは、グレタという新たなミューズ／創作のパートナーを手にいれて古巣のブルックリンに戻ってきた。そうしてふたりで新たに作ったのが、この輝くような傑作の『フランシス・ハ』だ。

ノア・バームバックは監督デビュー作『彼女と僕のいた場所』(95)を、自身の大学時代の経験を基に作っている。90年代のアメリカのインディ映画の草分けといわれるこの作品は、現在のマンブルコア映画によく似た雰囲気を持っている。『フランシス・ハ』でフランシスが夏を過ごす大学はバームバックの母校であり、『彼女と僕のいた場所』のロケにも使われたヴァッサー大学である。この作品は、バームバックにとってマンブルコアに影響を受けた新しい挑戦であるのと同時に、原点回帰でもある訳だ。

同じく90年代インディ映画の草分け的存在だったホイット・スティルマンもグレタ・ガーウィグを主演に据えて13年ぶりに新作映画『ダムゼル・イン・ディストレス』(12)を撮っている。グレタは、90年代に監督が次々にメジャー・スタジオに青田買いされて枯渇していたアメリカのインディ映画シーンを再び蘇らせた女神なのかもしれない。

ニューヨークで女の子がどうにか独り立ちをするまでを描く『フランシス・ハ』は、ロマンスのように宿命的な女性同士の友情を描いているという意味でも今日的である。これは今までのバームバック作品にはなかった要素で、映画作家としてのグレタ・ガーウィグが持ち込んだエレメントといえそうだ。

同居していた女友だちの婚約によってヒロインがそれまでの足場を失うというプロットは、やはりニューヨークを舞台にしたクラウディア・ウェイル監督の『ガールフレンド』(78)を思わせる。グレタの親友であり、『タイニー・ファニチャー』(10)、ドラマ『GIRLS／ガールズ』(13〜17)と快進撃を続けるレナ・ダナムも影響を受けたと公言している映画だ。『フランシス・ハ』は伝統的なニューヨークのインディの女性映画の流れも受け継いでいるのである。

様々な側面で革新と普遍の要素が同居しているこの希有な作品の中心に、時代のヒロインになるべくしてなったグレタ・ガーウィグがいる。自分の足で走ろうとするフランシスがいる。不完全な自分のまま、今／ここで生きていることを祝福するかのようなラストでタイトルの謎が明かされる時、「ニューヨークを歩いていると、涙がこみ上げてくる」というグレタの感慨を、映画を見る人もまた味わうことだろう。

レディ・バードのきらめく傷あと――『レディ・バード』(17)

映画の冒頭近く、レディ・バードが車から飛び出すシーンが好きだ。

彼女の母のマリオンはその時、運転席で『怒りの葡萄』のオーディオ・ブックを聞いている。カリフォルニアの苦い現実を描きながら、カリフォルニア賛歌でもあるスタインベックの文章に、マリオンは涙ぐむ。でもレディ・バードにとってのカリフォルニアはサクラメントであり、自分の可能性を狭める田舎町でしかない。彼女はそこから出ていって、新しい自分になりたい。母の庇護からも逃れたい。レディ・バードは走っている車から飛び出し、盛大にすっ転ぶのである。

グレタ・ガーウィグはこの映画のヒロインであるレディ・バード、そして彼女が尊敬するジョーン・ディディオンと同じく、サクラメント出身のニューヨーカーだ。

この映画のエピグラフで使われている「カリフォルニアの快楽主義について語る者は、サクラメントのクリスマスを知らない」という一節は、ニューヨーク・タイムズの記者に、ジョーン・ディディオンが飛行機から故郷を見下ろしてつぶやいた言葉だという。

グレタは自身が脚本を手がける主演映画で、ニューヨークに生きる不器用な女性たちを好んで描いてきた。その彼女が、初の監督作に故郷サクラメントが舞台の青春映画を選んだ。そこに私はぐっとくる。

ハイスクールを舞台にした自伝的な青春映画は近年、多くのアメリカ人監督にとって通過儀礼のようなジャンルになっている。グレタもまた映画作家としての第一歩を踏み出す時、ハイスクールという舞台を避けて通ることはできなかったのだ。『レディ・バード』はハイスクールの最終学年、自分を模索するレディ・バードを描いている。大学進学やプロム、初めての失恋、初めてのセックスなど、高校を舞台とする映画にいつも登場する出来事がこの映画でも繰り返される。伝統的だけど、とてもフレッシュな形で。

レディ・バードの本当の名前はクリスティン。こんな風に自分で自分に新しい名前をつける女の子は、かなり痛い。しかし新しい名前になった以上、それまでの自分とは違うキャラクターが必要だと彼女は考える。クリスティンは勉強ができる優等生ではない。皮肉屋だけど、飛び抜けて不良でもない。さて、これからどんな人間になるべきか。車から飛び出してギプス姿で始まった高校最後の一年間、レディ・バードは「これこそ新しい自分」と思えるものに飛びついては、派手な失敗を繰り返す。

今までの自分と違う人間になるなら演劇が一番とばかりに、レディ・バードは親友のジュリーを巻き込み、学内ミュージカルのオーディションを受ける。彼女はそこでミュージカルが好きな演劇部のティーン、通称シアター・キッズの仲間入りをするのだ。ドラマ『glee／グリー』（09〜15）によって可視化されたシアター・キッズはここのところ数多くの青春映画やドラマに登場するが、演劇少女だったというグレタの10代がここに投影されている。ミュージカル好きのダニーという彼氏もできて、レディ・バードは浮かれる。ところが、ダニーとの間に思わぬことが起こり、それをきっかけに彼女はシアター・キッズの輪から外れていってしまう。

次にレディ・バードが目指すのは、ラブ・ストーリーの主人公だ。アンニュイなお金持ちの少年、カイルを射止めたレディ・バードは彼にふさわしい女の子を演じようとする。同じ高校に通っていても、レディ・バードとカイルは住んでいる地域や社会的な階層、高校におけるヒエラルキーのグループが違う。

到達点をシニア・プロムとするこの階級差恋愛の物語に、ジョン・ヒューズの映画を思い出す人もいるだろう。グレタ・ガーウィグがこの映画のために作ったムード・ボード（映画のコンセプトを伝えるためのコラージュ集）にはヒューズ脚本作『プリティ・イン・ピンク／恋人たちの街角』（86）の題名があった。同じ高校に通うお金持ちの男の子に恋する、ピンクが似合う女の子。自分の実家が恥ずかしくて、彼氏には見せられないと思っている。父の仕事がうまくいっていなくて、生活基盤も危うい。『プリティ・イン・ピンク』でモリー・リングウォルドが演じたヒロインとレディ・バードには数多くの共通点がある。レディ・バードがプロムに着ていくドレスもフューシャ・ピンクだ（グレタ・ガーウィグはプロム・シーンの撮影で自らもプロム・ドレスを着ていた。可愛い！）。

しかしグレタ・ガーウィグ本人が雑誌のインタビューでも言っていた通り、『レディ・バード』は『プリティ・イン・ピンク』のように「どちらの男の子を選ぶべきか、という映画ではない」

レディ・バードにとって本当に大切なのは母との関係であり、親友のジュリーとの関係だ。「私は母と娘や、友人同士、姉妹、師匠と弟子、雇用主と部下といった女同士の関係を描くのが好きなの。だって男性は、自分たちがいない時に女たちが何を喋っているか知らないでしょう」とグレタは言う。

カイルと初めて寝室に行く時も、レディ・バードはそこにジュリーの憧れである日焼けマシーンがあることを気にしている。プロムの夜に、レディ・バードが誰よりも会いたかったのはジュリーだ。橋の上でふたりが語らうシーンは、ダニーやカイルを相手にレディ・バードが演じたどんなラブ・シーンよりもロマンティックで美しい。

ジュリーは破天荒で気まぐれなレディ・バードと違い、真面目で、歌が上手くて、ちょっとダサい女の子だ。だから、レディ・バードがはまらなかった〝シアター・キッズ〟というカテゴリーに難なくはまって、レディ・バードが辞めた後も演劇部を続けている。演じるビーニー・フェルドスタインは先ごろブロードウェイ・デビューも果たしたミュージカル女優で、太めの風情といい、ジュリーにぴったりだ。彼女の兄であるジョナ・ヒルにもよく似ている。そのせいか、『レディ・バード』とジョナ・ヒルの出世作である『スーパーバッド　童貞ウォーズ』(07)が重なる。

『スーパーバッド』は、セス・ローゲンとエヴァン・ゴールドバーグが自分たちの高校時代の思い出を基にして脚本を書いたコメディで、彼らの映画作家としての出発点だ。やはりこのふたりも自分たちの原点としてのハイスクールを語らざるをえなかったのである。下品なコメディと思われている作品だが、実は高校卒業を機に故郷を出て行く男の子と取り残されるその親友の大事な時間を描いている。エヴァンとセス。レディ・バードとジュリー。異性との関係や都会で大人になっていくことで失われてしまう絆は、ハイスクールを舞台にした映画における最大のロマンスである。

『レディ・バード』のムード・ボードには『プリティ・イン・ピンク』と並んで、アルバートとデイヴィッドのメイスルズ兄弟が撮ったドキュメンタリー『グレイ・ガーデンズ』(75)もあった。名門ブーヴィエ家の出身でありながら財産を失い、ボロボロの屋敷で生活能力もなくふたりきりで暮らす母のビッグ・イディと娘のリトル・イディ。ふたりの姿をとらえたこの映画について、「母と娘の関係を描いた最も偉大な作品」とグレタは語っている。

没落した上流階級の母と娘の共依存を赤裸々に見せたあの映画ほどではないにしても、レディ・バードと母のマリオンの距離は近しい。母と娘の距離は近ければ近いほど、反発も強い。ふたりのリアルな喧嘩の数々に、自分と母親との関係を思い出す女性も多いに違いない。

マリオンは名前を変えた自分の娘が、サクラメントや両親の生き方を否定しているように思えて寂しい。しかし、レディ・バードがニューヨークに出て行く時、何よりも輝いて見えるのは故郷のサクラメントの街並みなのだ。ここではないどこか、今の自分ではない何者かに憧れていた彼女は、本当の自分をそこに見いだす。都会に憧れることは、故郷を捨てることではない。母から遠く離れても、彼女の娘であるという事実は永遠に変わらない。

派手に転んでも、へこたれずに何度も起き上がり、新しい自分に向かって走っていくレディ・バードが好きだ。それは、グレタ・ガーウィグが演じてきた今までの役柄のプロトタイプでもある。レディ・バードの中にも、そしてきっとグレタ・ガーウィグ本人の中にも、サクラメントで暮らした最後の一年間の失敗でついた傷が星座のようにきらめいている。

アメリカのコメディエンヌたちの最前線

――『ブライズメイズ　史上最悪のウェディングプラン』(11)

『ブライズメイズ』は見る者を笑いの渦に否応なく引き込む強力なコメディ作品だが、それ以上に優れた女子映画だといえる。これほどまでに、女子の不安と友情を切実に描いた作品も他にないからだ。

主役のクリステン・ウィグは、30代半ばになっても人生の定まらないアニーが追い詰められて壊れていく様子を、繊細なリアリティを込めて演じている。彼女が演じるアニーのことを笑えば笑うほど、同時に胸が痛くなってくる。不思議な共感を呼ぶチャーミングなコメディエンヌだ。アニーとマーヤ・ルドルフ演じるリリアンの友情や、彼女たちを取り巻く女たちの関係も嘘くさくなくてリアルである。アニーとリリアンが朝食をとりながら話すような何でもないシーンにさえ、女の本当の友情がにじみ出ている。それは『ブライズメイズ』という映画が、真に女性同士の団結の上に築かれた作品だからだ。

出演者のプロフィールを見て欲しい。「グラウンドリングス」という名称が目に付くはずだ。

1974年にカリフォルニアで結成された即興コメディ集団「グラウンドリングス」は、シカゴの「セカンド・シティ」と並んで数多くのコメディアンを輩出してきた。有名どころではウィル・フェレルやドラマ『フレンズ』（94〜04）のリサ・クドローなどが所属していた。

アメリカでは「セカンド・シティ」か「グラウンドリングス」で修行をして、NBCのコメディ番組『サタデー・ナイト・ライブ（以下SNL）』や映画に進出するのが、コメディ俳優の出世コースになっている。クリステン・ウィグとマーヤ・ルドルフは「グラウンドリングス」を出て、共にSNLで長きに渡ってレギュラーを務めてきた。ふたりは実生活でも親友同士だ。

子供のいるリタを演じるウェンディ・マクレンドン＝コーヴィも、この映画でアカデミー賞の助演女優賞にノミネートされたメリッサ・マッカーシーも、ウィグと共に脚本を書いたアニー・ムモーロも「グラウンドリングス」出身だ。（女優として既にキャリアがあるローズ・バーン以外では）若いエリー・ケンパーだけが「グラウンドリングス」に所属した経験がないが、彼女はエイミー・ポーラーが結成メンバーである「アップライト・シチズン・ブリゲイド」で修行している。エイミー・ポーラーはSNLで女性初のヘッド・ライターとなったティナ・フェイと「セカンド・シティ」にいた頃からの親友であり、SNLで女性が活躍できる土壌を築き、新時代をもたらしたパイオニアのひとりだ。『ブライズメイズ』の出演者たちはコメディエンヌたちで構成された大きなサークルの一員なのだということができる。

こんな風に女性ばかりで作ったコメディが大ヒットするなんて、ちょっと前では考えられないことだった。コメディの世界にも、女性差別は根強くある。ティナ・フェイは自伝で、女性差別を感じたことがあるとするならばそれは「セカンド・シティ」時代のことだと書いている。彼女がいた当時は女性出演者だけのコントは決して認められなかった。ティナ・フェイはそんな状況を少しずつ改善してきた。『ブライズメイズ』もティナ・フェイとエイミー・ポーラー主演の『ベイビーママ』（08）のスマッシュ・ヒットがなかったら実現しなかったかもしれない。『ブライズメイズ』のキャストたちの多くが40代前後だが、この年齢の女性のコメディ女優が主人公の映画が作られること自体が画期的だ。

マーヤ・ルドルフは『ブライズメイズ』の大ヒットに喜びながらも、この作品で急に「女性も面白い」と言われるようになったことには複雑な思いがあることをインタビューで明かしている。彼女は現在、SNL時代から組んできた女性脚本家がクリエイターのコメディ・ドラマ『*Up All Night*』（11〜12）に出演している。女性の構成作家とコメディエンヌたちはずっと手を組んでコメディの世界に貢献してきた。そういえばティナ・フェイのヒット・コメディ番組『***30 ROCK***／サーティー・ロック』（06〜13）も、基は即興コメディ劇団時代の親友のために立ち上げた番組を守る女性の番組クリエイターの話だった。こうした女性作家とコメディエンヌたちの団結の歴史が、『ブライズメイズ』という傑作を生み出したのだ。

勝ち組女子のその後——『バチェロレッテ　あの子が結婚するなんて!』(12)

『ブライズメイズ』(11) より更にブラックで過激という噂の『バチェロレッテ』は、サンダンス映画祭で評判になった時から気になっていた。期待して見た『バチェロレッテ』は本当に危険で、赤裸々で、それでいてほろりとさせるような映画だった。長年の付き合いでこちらのことを知り尽くしている、口の悪い女友だちのような映画だ。

高校時代からの三人の悪友が、久しぶりにニューヨークで再会を果たす。グループのなかではみそっかすだと思われていた、人のいいぽっちゃり女子のベッキーの結婚式で介添人(ブライズメイズ)を務めるためだ。あっという間に三人は高校時代の関係性に戻っていく。グループの女王のレーガン、弾けた性格のケイティ、皮肉屋のジェナ。表向きはベッキーを祝福しながら、それぞれが釈然としない思いを抱えている。完璧主義者のレーガンは自分より先にベッキーのような娘が幸せをつかむことが許せないし、ケイティはコカインと馬鹿騒ぎのことしか考えていない。男女の関係に失望しているジェナは、リハーサル・ディナーも豪華な結婚式も、何もかもが茶番に思えてバカにせずにはいられない。

この中心人物の三人のキャラクターとそのキャスティングで、『バチェロレッテ』は既に成功が約束された作品だったと言ってもいい。オープニング・タイトルが高校の卒業アルバム（イヤー・ブック）であることから分かる通り、これは「卒業後の学園映画」だからだ。約十年前、キルスティン・ダンストは名実共に学園映画の女王だった。『チアーズ！』（00）のような高校を舞台とした学園コメディで、いつも勝ち組の女子を演じていた。レーガンは、あのころキルスティンが演じた役の十年後の姿なのだ。

同じことが、ジェナを演じるリジー・キャプランにもいえる。彼女の当たり役といえば、リンジー・ローハン主演で大ヒットした学園コメディの『ミーン・ガールズ』（04）のジャニスである。今回は役名までよく似ている。あの映画で彼女は、かつては人気者グループの「プラスティックス」に属していたはぐれ者の少女を演じていた。ジャニスはブラックな悪戯心から、アフリカから来た帰国子女で無垢なキャディ（リンジー・ローハン）を「プラスティックス」に放り込み、何が起こるか観察しようとする。それから約十年、世を拗ねた少女は、世を拗ねたままで人生の曲がり角の年代に差しかかったという訳だ。

ケイティ役のアイラ・フィッシャーはオーストラリア出身でアメリカの学園映画への出演経験はないが、恐れ知らずのコメディエンヌである彼女がティーンだったら、きっと劇中で語られている高校時代のケイティのような役を演じたに違いない。学園映画クラシックの『初体験リッチモント・ハイ』(82)の名前が会話の中で挙がるシーンもあり、『バチェロレッテ』はどこまでも学園映画の匂いが濃厚だ。それは、登場人物たちの誰もが思春期を引きずり、大人になれないでいることの証明なのだ。でも、だからこそ主人公の三人は一夜のとんでもない経験を通して少しだけ成長することを覚えるし、10代のままの無垢な友情や思いやりが自分の中に残っていることにも気がつく。

高校時代の自分を卒業できない三人より一足先に成長して、みんなをパニックに陥れるベッキーをレベル・ウィルソンが演じているのは興味深い。フィッシャーと同じくオーストラリア出身の彼女はそれこそ、結婚の介添人をテーマにした『ブライズメイズ』でアメリカ進出を果たしたばかりだ。ちょっと前まで無名の存在だったウィルソンは『ブライズメイズ』以降、破竹の勢いで快進撃を続けており、新世代のコメディ・ミューズになるのは間違いない。ハリウッドでキャリアを築いてきた他の三人の脅威になるような新人という意味で、彼女とベッキーの立場が重なるようなところもある。特にウィルソンがベテランであるキルスティン・ダンストと渡り合う、クライマックス近くのふたりの会話シーンは見応えがある。憧れ、嫉妬、疎外感。いろいろと複雑な要素を含みつつも、女性同士の絆はいいな、と思わせる名場面だ。

女子キャラクターたちのそれぞれの衣装に、パーソナリティが出ていて面白い。上流階級志向のソーシャライツであるレーガンは、バーバリーのコートやシャネルのバッグ、ジミー・

チュウ等の高級ブランドのアイテムで隙のないコーディネートをしている。人気のアパレル「クラブ・モナコ」で働くケイティはお洒落なパーティ・ガールらしく、グリーンのミニ・ドレスにアニマル柄のベルトや靴でワイルドな雰囲気を出している。反逆児のジェナはフォーマルで行くべきリハーサル・ディナーにも、ロングTシャツをワンピース代わりに着ていってひんしゅくを買う。

男性陣にも注目だ。『*30 Rock*／サーティ・ロック』、『*Parks and Recreation*』、『ニュー・ノーマル』といった人気コメディ・ドラマで評価が高まってきている三人、ジェームス・マースデン、アダム・スコット、アンドリュー・ランネルズといった男優たちが花（？）を添えている。こんな旬の顔ぶれが集まるなんてそうそうない。『バチェロレッテ』という強烈な企画は男優たちにも、とても魅力的だったのだろう。一見するとどうしようもなくイヤな女でありながら、最後に愛さずにいられなくなるこの映画の女子たちみたいに。

コメディのロマンティック・ヒーロー、エイミー・シューマー

――『アイ・フィール・プリティ　人生最高のハプニング』(18)

ニューヨークほど、ロマンティック・コメディ(通称ロマコメ)の映画にふさわしい都市はない。ハリウッドの黄金期から、数え切れないほどの女優と男優がスクリーンの中のこの街で恋に落ち、同じことを繰り返してきた。すなわち、ボーイ・ミーツ・ガール。ボーイ・ロスト・ガール。ボーイ・ミーツ・ガール・アゲイン。ロマンティック・コメディのお約束である。

40年代のニューヨークなら、それは『女性No.1』(42)の男っぽいスペンサー・トレイシーとキャリア・ウーマンのキャサリン・ヘプバーン。

60年代のニューヨークなら、それは『アパートの鍵貸します』(60)の気弱なジャック・レモンとキュートなシャーリー・マックレーン。

80年代のニューヨークならば、それは『恋人たちの予感』(89)の皮肉屋のビリー・クリスタルと勝ち気なメグ・ライアン。

お互いを好きになったふたりに、思わぬ障害や誤解が生じる。離れ離れになってそれぞれの生活をおくるふたりのシーンに、切ないジャズ・ソングがかぶさる。自分の本当の気持ちに気がついた男が、愛の告白をするために雨の中を、あるいは雪が降る大晦日の街並みを走っていく。ハッピー・エンドまでの道のりを、たくさんの約束事と洒落た台詞、素敵なシチュエーションで彩る、それがロマンティック・コメディの世界である。

そして2010年代、そのロマンティック・コメディに新風を吹き込んだ女優がエイミー・シューマーだ。ニューヨークのスタンダップ・シーンで女性の本音を語ってきたシューマーはコメディ・セントラルで冠番組『インサイド・エイミー・シューマー』(13～16)を持つと、たちまち人気者になった。新世代のフェミニストらしい過激なユーモアが大受けしたのだ。

その彼女が、映画だとロマンティック・コメディのヒロインを演じている。ちょっと意外に思えるかもしれないが、シューマーにはニューヨークのラブ・ストーリーがよく似合う。彼女はいわゆる美人でも、モデル体型でもない。でも、ロマンティックな恋は美男美女だけのものだろうか？　いや、きっと違う。自分らしくニューヨークの街を歩く女性は、誰もがヒロインになる資格があるのだとエイミー・シューマーは教えてくれる。

初の主演映画となった『エイミー、エイミー、エイミー！　こじらせシングルライフの抜け出し方』(15)で彼女が演じたのは、男性と割り切った付き合いをするジャーナリストの役。少し前のロマコメなら、男優がやるような役である。エイミー・シューマーによって、ニューヨークのロマコメは大きく変化した。今までのお約束がひっくり返って、ボーイ・ミーツ・ガールではなく、ガール・ミーツ・ボーイ。ガール・ロスト・ボーイ。ガール・ミーツ・ボーイ・アゲインになった。エイミー・シューマーの映画では、恋に迷って相手から離れるのも、その相手を取り戻すためにニューヨークの街を走るのも、ヒロインの方だ。受け身ではないシューマーはむしろ、ロマコメのヒーローと呼んだ方がふさわしいかもしれない。

『アイ・フィール・プリティ　人生最高のハプニング』でシューマーが演じるレネー・ベネットは、ルックスや体型にコンプレックスを持っていて、恋にも仕事にも自信が持てない女性。それが、ソウル・サイクルの事故で頭を打ったことによって、自分がスリムな美女に生まれ変わったと思い込むようになる。この幻想が、彼女の性格まで変えてしまう。レネーはミニ・スカートを履いて自分が夢見た職業の面接に出向き、クリーニング店で会ったイーサンにも積極的にアタックをかける。そしてバーのビキニ・コンテストでナイスバディの出場者に混じって堂々と自己アピールするのである。

これは、勘違いして自信満々の女性をあざ笑うコメディなのだろうか？　断じて、違う。ビキニ・コンテストでセクシーに踊るレネーを見て欲しい。彼女は輝いている！　それに女友だちと三人ではしゃいでいるレネーを見たら、誰もが彼女の親友になりたいと思うだろう。自分に迷いがない時のレネーは頭が良くて、オープンで、ファニーだ。バーの店主が「車がパンクした時に一緒にいて欲しいタイプ」だというのもよく分かる。女性の美しさの形は一つではない。それぞれに魅力があって、みんなが主人公なのだということをエイミー・シューマーが演じるロマコメ・ヒーローは教えてくれる。

人格だって、完璧でなくても構わない。ロマンティック・コメディでエイミー・シューマーが演じる役は、いつも過ちを犯す。だけど、自分でそれを乗り越えて成長していく。男性に勇気づけられるのでも、慰められるのでもない。シューマーのような女優がロマコメで台頭するのと同時に、相手役の男性像も変わってきた。シューマーと同じくスタンダップ・コメディ出身であるロリー・スコヴィルが演じるイーサンは、白馬に乗った王子様ではない。でも安定していて、彼もまた「車がパンクした時に一緒にいて欲しいタイプ」だ。

今ある自分を肯定して輝くエイミー・シューマーは、ロマンティック・コメディの最新のヒーローだ。

ガールズ・ワールドの共通言語──『ビューティフル・デイズ』(05)

世界中で女の子たちはみんな、似たようなことをしている。

プレーヤーから流れる音楽に合わせて部屋で友だちと踊ったり、センチメンタルに詩を書いたり、デート前にワードローブをひっくり返して一人ファッション・ショーを繰り広げたり、気になる男の子の前で強気に振る舞ってみせたり、自分に来たラブレターを友だちグループ全員に見せたりしてね。

スウェーデンの片田舎には、学校で全然違うグループに属しているのに惹かれ合って悩む『ショー・ミー・ラブ』(98)のエリンとアグネスがいる。ソウル郊外には、高校時代の結束を保てなくて悩む『子猫をお願い』(01)の女の子たちがいる。

『ゴーストワールド』(01)や80年代のジョン・ヒューズの映画に出てくるようなアメリカの地方都市や、フランスの郊外、台北やベルリンやロンドン、あるいは東京を舞台にした物語で、女の子たちは周囲から見ればくだらないことで悩み、他愛のないことではしゃぎ、良いことも悪いことも大抵は友だちと分かち合って生きている。誰とも分かち合えない何かを知って、〝女の子〟という集合体の一員からもっと固有の存在へと変わっていくその日まで。
『ビューティフル・デイズ』はまさしく、そんな「女の子の普遍」がぎゅっと詰まった映画だ。こういう作品は、ディテールが丁寧で出てくる女の子たちがヴィヴィッドならそれだけで魅力的だが、ここまで上手にできているとちょっと奇跡的レベルだといえるかもしれない。思わぬところですごい胸キュン少女マンガを掘り当てたような気分だ。

主人公チンタはインドネシアの女子高生だが、物語の風俗にほんのりアジアの南国テイストが漂うというだけで（とはいえその差異もまた見ていて興味深く、面白くはあるのだが）本当はどこの国の女の子でも構わない。大事なのは彼女が日なたですくすく育ったような女の子で、学内でも安定した地位にいるということだ。

チンタは新聞部に所属して、詩のコンクールで何度も優勝している文化系の優等生でもある。「パワー・パフ・ガールズ」が好きなのか部室にポスターが貼ってあり、キャラクター入りのランチ・ボックスを持っている。そんなところが面白い。彼女の部屋には「カードキャプターさくら」のポスターもあった。文化系少女とアニメの親密な関係は日本と同じなのだろうか？

そんなチンタが、同じ学内にいながら別世界に属する男子と出会う。詩のコンクールで当然優勝候補だった彼女を負かしたのは、影のある文学少年。今までグループでプリンセス的な扱いを受けてきたチンタは、つれない彼の態度にカチンとくる。それはもちろん、恋の始まりだ。

よくあるイメージとしてのアジアの純愛映画ならば、初恋はただただ初々しく、もどかしいものでなければならない。あるいは、引き裂かれる悲劇の予感を孕んだ危ういものでなくてはならない。

チンタの初恋はそのどれでもない。勝ち気で可愛い、今を生きる少女の恋愛である。男の子と張り合い、衝突しながら理解を深め、彼の気持ちが自分に傾いていることを知れば思わずにやける。そこがいい。

でもそんな一見オープンな恋にもトラブルがある。横並びに「女の子の時間」を生きてきた仲間との乖離だ。本能的にそのことを恐れているチンタは、仲間に恋愛の進行を黙っている。それが逆に、家族の不幸さえ交換日記で分かち合ってきたグループを不安にさせる。

誰かが女の子の枠を超えて成長していくことは、少女たちの群れにとっては脅威になりうる。それは部屋で流す音楽で踊るだけで歓喜に満ち溢れるような「女の子の時間」そのもののリミットを示すからだ。

グループから外れていくチンタと、そんな彼女と共にグループの絆そのものまで失ってしまうのではないかと心穏やかではない友人たち。「恋か友情か」の二者択一の問題ではない。その複雑な女の子グループの機微を、映画はきめ細かく、リアルに描いている。

ちなみにチンタの所属するグループの構成はガールズ・ムーヴィーのキャラ設定としてはパーフェクトだ。地味だけど思慮深いメガネ娘と、姉御肌のスポーツ少女と、意外にサバサバしているギャル系の子と、ムード・メーカーの幼いボンヤリさん。女子グループはこういう組み合わせでなくては！

恋だって、ノロケ話や相談という形で分かち合えば女の子の絆を揺るがすようなものではない。それが分かれば、女子同士は話が早い。

世界中で女友だちは似たようなことをする。仲間が失恋すれば胸の痛みも共有するし、彼が留学してしまって、当分会えないかもしれない！という展開になれば、このパターンの恒例である「（空港に）いーきーなーよ！」の合唱をちゃんとやってくれる。

そんな女の子の世界の約束事がきちんと守られている『ビューティフル・デイズ』はきっと、どこの国の女の子のハートにも響くに違いない。

17歳をめぐる名作たち──『17歳』(13)

フランソワ・オゾンの『17歳』には、この年齢の少女特有の心理が描かれている。ヒロインのイザベルは、大人として社会的な責任を負わされる18歳と、まだ子供じみた喜びに無条件に浸っていられる16歳の狭間で揺れている。危険な冒険に憧れ、同時に傷つきやすくもあるこの「17歳」という季節は、小説家や映画作家、ミュージシャンたちを惹きつけてやまない。アーティストたちは何度も17歳に引き戻される。

17歳の心はまっさらで、まだ悲しみの傷ひとつない。だから愚かな大人たちに対していくらでも残酷になれる。フランソワーズ・サガンの『悲しみよこんにちは』の主人公、セシルは17歳だ。イザベルと同じように南仏でバカンスを過ごし、大人への一歩を踏み出す。父の新しい恋人アンヌが母親のように自分に世話を焼くのが許せなくて、危険なゲームを思いつく。セシルのゲームの顛末は、彼女自身を傷つけることになる。サガンが描いた17歳は、他人にふりかざしたナイフが自分に突き刺さり、初めての憂いを知るシーズンだ。

自らの17歳を振り返るようにこの小説を書いてデビューした時、サガンはまだ18歳だった。

18歳は若い作家がデビューするにふさわしい年齢だが、17歳で作家として世に出る少女たちもいる。17歳の作家たちは表現者というよりも、自分が書いた物語のヒロインとして、人々の目の前に現れる。

２００３年、イタリアのシチリア島に暮らす少女がメリッサ・Pという匿名で『おやすみ前にブラッシング１００回』という小説を発表した時、彼女はまだ17歳だった。美少女のメリッサは、赤裸々な性体験を綴ったその小説のヒロインそのものだ。観察者とその対象が一体となった存在でいられる、17歳にはそんな希有な瞬間がある。

１９７０年代、10代の生活を醒めた視点で描いたエッセイが話題になった時、作家のジョイス・メイナードは17歳だった。J・D・サリンジャーは大人びた文章にひそむナイーヴな少女の無垢を求め、彼女と関係を持つ。自分のイノセンスを、まるで価値がないかのようにそれを失った大人にあっさりと受け渡してしまう。それが17歳だ。

17歳は、自分ではない誰かになりたいと願う時期でもある。自分を大人にしてくれる経験には、何にでも飛びつく。１９６０年代のロンドン郊外が舞台の『17歳の肖像』(09)のヒロイン、ジェニーはパリに憧れる女子高生だ。雨の日、年上の男に声をかけられたジェニーは、優等生である学校での自分も、いい娘である家庭での自分も捨てて、彼が見せてくれる夢を求めて大人への階段を急激にのぼり始める。そして自分は自分でしかいられないことを思い知る。

17歳の夢は潰えるためにある。

17歳はそれまで信じていた価値観が全て通用しなくなる時だ。『17歳のカルテ』(99)で、ウィノナ・ライダーが演じたスザンナは自殺未遂を起こして精神病院に収容される。当たり前に上がっていけると思っていた階段を踏み外してしまう瞬間が、17歳にはある。目の前に差し出された幸福が嘘に思えて、自暴自棄になり、自分を肉体的にも精神的にも傷つけることがやめられない。17歳はその苦しみを乗り越えなければならない。

17歳は目もくらむばかりの輝きに満ちている。他人から見た自分がどんなに「まばゆい」か知らない。ビートルズはデビュー・アルバムに収録された「アイ・ソー・ハー・スタンディング・ゼア」をこんなフレーズで始めている。「彼女はちょうど17歳／それがどんなことか分かるだろう？」

フランソワ・オゾンの『17歳』の原題は「*Jeune et jolie*(若く美しく)」だが、この題名に決まるまでのワーキング・タイトルは「*Just Seventeen*」だったという。「*Jeune et jolie*」も「*Just Seventeen*」も10代の少女向けのファッション雑誌の名前だというが、英国で1983年から2004年にかけて発行されていたという「*Just Seventeen*」の雑誌名はきっと、このビートルズの曲を意識してつけられたものに違いない。

17歳は、若く美しい女の象徴とされる年齢だ。それはつまり、女としての価値を他人から品定められる残酷な時代の幕開けでもある。それまでは横一線で仲良く並んでいた少女たちは急に美しい、美しくないと異性によって振り分けられてしまう。

「17歳の時に私は残酷な真実を知りました／愛という言葉は美人コンテストの優勝者や／透き通るような笑顔ですぐに結婚していくような女の子のためにある／優しい恋人も知らず／金曜日のジェスチャー・ゲームはきれいな子たちのためのもの／美人でもなく人付き合いが上手でもない私みたいな女の子たちは家に居残って／妄想の恋人が電話で「僕と踊ろう」ときわどい言葉をささやくのを聞くしかないのです」

ジャニス・イアンが「17才の頃」で歌うのは、17歳のもうひとつの絶望的な真実である。

フランソワ・オゾンの『17歳』で、イザベラが経験する17歳の四季には、それら全ての要素がある。17歳でいることの甘美な喜びと、痛みと、ほろ苦さと。それら全てを乗り越えて、少女が17歳であることから解放される瞬間まで描いた『17歳』は、17歳という季節を描いたクラシックとして残るに違いない。

愛らしいアマチュアリズムが胸を締めつける

——『ゴッド・ヘルプ・ザ・ガール』(14)

90年代にスチュワート・マードックが率いるベル&セバスチャンがデビューした時は、自分と同じ時代を通過してきたミュージシャンが出てきたな、と思ったものでした。マードックが作った映画『ゴッド・ヘルプ・ザ・ガール』にも、私は似たような感慨を抱きます。ミュージカル映画ということもあって、様々な過去の作品へのオマージュに溢れている作品ですが、直接的な引用というよりも、彼が青春を送った時代の解釈を一つ挟んだ形での使い方で、そこに映画に対する憧れに近い目線を感じるのです。

イヴとジェームズがキャシーの家を訪ねた時にリビングで三人がダンスをするシーンは、ジャン=リュック・ゴダールの『はなればなれに』(64)を思わせるところがありますが、この映画のシーンは60年代そのものというよりも「90年代の60年代リバイバル」の雰囲気です。90年代には『はなればなれに』のマジソン・ダンスのシーンに影響を受けて作られた映画がありました。この映画のタイトルを自分のプロダクション名にするほど作品を熱愛しているクエンティン・タランティーノの『パルプ・フィクション』(94)と、ハル・ハートリーの『シンプルメン』(92)です。前者でジョン・トラボルタと踊ったユマ・サーマンと、後者で男子ふたりとソニック・ユースの「Kool Thing」で踊ったエリナ・レーヴィン。どちらも『ゴッド・ヘルプ・ザ・ガール』のヒロインであるイヴと同じく、黒髪で前髪のあるおかっぱのヘアスタイルだというのは興味深い事実です。原型は同じくゴダールの『女と男のいる舗道』(62)のアンナ・カリーナにありそうです。そういえば、イヴ役のエミリー・ブラウニングはアンナ・カリーナに憧れているのだそう。イヴの髪型も、60年代のアンナ・カリーナのものというよりも、アンナ・カリーナに憧れている90年代の女の子のものと考えた方がしっくりきます。

そう、『ゴッド・ヘルプ・ザ・ガール』に出てくる数々の映画へのオマージュは「引用」というよりも、「憧れ」といった方がはまるのです。ミュージカルへの憧れ。60年代への憧れ。そして映画そのものへの憧れ。ミュージシャンが映画を作ることに憧れている。この映画はそんな、可愛らしくて好ましいアマチュアリズムに支えられている作品なのです。つまり、メジャーなスタジオで作られたゴージャスな60年代音楽への憧れを、ギター・バンドという編成で叶えたインディ・ポップのミュージシャンらしい映画ということです。

音楽が映画に憧れることもあれば、映画が音楽に憧れることもある。「映画が音楽に恋している」というジャンルがミュージカルです。ビートルズ主演の『ハード・デイズ・ナイト』(64)

や『ヘルプ！4人はアイドル』（65）といった映画は、後のミュージック・ビデオに多大な影響を与えましたが、やはり映画の音楽への憧れを綴った作品だと考えられます。その二本の映画を撮った監督といえば、リチャード・レスターです。イヴのバスルームの前に男の子たちがズラリと並ぶジェームズの妄想シーンは、レスターの傑作『ナック』（65）の冒頭にそっくり（オリジナルではアパートの階段に並んでいるのは男子ではなく、美女たちでしたが）。フライヤーを作ってバンド・メンバーを募集する三人が希望者たちに追いかけられるシーンは、それこそ『ハード・デイズ・ナイト』を彷彿とさせます。

カラフルなファッションも60年代への憧れに満ちています。でもこれまた、直接的な60年代ファッションというよりも、90年代や00年代の女子がヴィンテージ・ショップで古着ハンティングをしてきてコーディネートしているという感じ。衣装には様々な時代の感覚がミックスされています。フレッド・ペリーのポロシャツの第一ボタンをきっちり留めてアノラックを合わせているジェームズのコーディネートは、80年代からの正統派インディ少年のファッションだし、60年代っぽいワンピースと共に、80年代のバンドTシャツ（ザ・スミス！）やサッカー・シャツ、男の子のアラン編みのセーターといったボーイッシュなアイテムを着こなすイヴのセンスも、インディ少女のワードローブの雰囲気です。その全てにおもちゃっぽいブレスレットや指輪を重ねづけしているところが可愛い。そのコーディネートの可愛らしさは、プロのスタイリストの仕事というよりも、やっぱりアマチュア的な抜け感とちょっといなたい雰囲気がポイント……と思ったら、多くのスタイリングをスチュワート・マードック本人が手がけているとのこと。なるほど。ゴダールが街ゆく女の子たちのファッションを参考にして、映画でアンナ・カリーナに着せる服を選んだというエピソードを思い起こさせます。

映画。音楽。ダンス。ファッション。ちょっと内気で、ダンスフロアで華麗なステップを決められるほどの運動神経のない文化系のためのミュージカル『ゴッド・ヘルプ・ザ・ガール』は、様々なものへの憧れで胸をぎゅっと締めつけるのです。

少女たちが貪る甘美な悪夢──『ネオン・デーモン』(16)

やばい。マジでやばい。

ピンクのチークを目の下に入れてグリッターを顔中に散らし、イチゴシロップみたいな血糊を首から滴らせたエル・ファニングの撮影風景を見たら、16歳の女の子はきっとそう叫ぶ。

超グロいはずなのに、エルは何であんな可愛いのよ⁉

映画を見ている間、そんなティーンエイジャーの声が頭の中でこだましていた。でもきっと、それで正解なのだ。ニコラス・ウィンディング・レフン監督は、16歳の女の子のために『ネオン・デーモン』を作ったと言っているのだから。だからここに描かれているのは本物のモデル業界でも、ロサンゼルスでも、ファッショナブルな撮影現場でもない。ドラッグ・ストアで買えるチープな化粧品や雑貨を並べたドレッサーとベッドとぬいぐるみが置かれた部屋で、ティーンの少女が夢見る幻なのだ。きっとその少女はモールと学校と家を行ったり来たりする、田舎での生活にうんざりしている。都会に憧れていて、そう、『アメリカズ・ネクスト・トップ・モデル』みたいなリアリティ番組が大好きだ。

モデルのタイラ・バンクスが主宰するコンペティション・ショー『アメリカズ・ネクスト・トップ・モデル』は、応募者のなかから十数人の候補者が選ばれて、共同生活をしながらモデルの仕事や撮影を体験し、写真の出来次第でひとりずつ落とされていくという番組だ。エルの演じるジェシーが友人のディーンに最初に撮ってもらう写真は、この番組の第8シーズンに出てくる撮影チャレンジにそっくり。テーマは「モードな殺人現場の写真」。ファッション誌はエッジィだから、こういう題材の撮影もあるわよとタイラはモデル志望者たちに言っていた。そんなの嘘に決まっているのに。これは笑える、グロテスクな見世物なのだ。

でもテレビに夢中の少女たちはそれも真に受ける。あるいは、彼女たちもこれは作り物だってうすうす感づいているのかもしれないけど、そんなの構わない。だってテレビに出られるなら、この街から出られるなら、それだけでサイコーじゃない。

エル・ファニングが演じるジェシーもきっと、そんな少女だったに違いない。ジョージアの片田舎の女の子。16歳になったばかり。歌もダンスも下手くそだけど、「私は可愛い」。その可愛さが自分を救ってくれると信じている。モデル発掘のリアリティ・ショーに出てくる女の子たちなんて、誰も本当にファッションなんか好きじゃない。若くて、痩せていて、可愛いことが価値のある世界で認められたいと思っているだけ。そして実際、モデル業界とはそういうところなのだ。少なくとも、『ネオン・デーモン』の描くモデル業界は。

こんな田舎じゃ、見る目がある人がいないからモテないけど、実のところ私って可愛いよね？　モードな顔をしているよね？　こういうのがファッション雑誌で受けるんじゃないの？　背はそんなに高くないけど――ケイト・モスだって大して高くないし。タイラも言っていた、大事なのは個性なんだって。ミルク色で染みひとつない肌。新鮮な果物みたいな顔立ち。私がオーディション会場に行くと、一目見るなりデザイナーが息を呑む。有名カメラマンがプライベート・フォト・セッションをしたがる。20代のおばさんモデルたちをぶっちぎりして、ファッション・ショーではトリに登場。黒と金の一番いいドレスを着た私は、一番可愛い。鏡に映る、モードな新しい私にキスしたい。ジェシーは映画の中で少女たちの夢を全部叶えていく。

「みんなが私になりたがる」

でも、少女たちが夢見るのは、栄光やキラキラしたファッションの世界だけではないのだ。LAって危険な都会だよね？　モデルの世界ってやばくない？　変態がうようよしている。先輩モデルがひどいいじめをするって言うよ。きれいな女の子っていうのは、ビッチだって相場が決まっている。私もきれいになりたかったら、もっとビッチにならなくちゃ。みんなドラッグを使ってダイエットしていて、整形でロボットみたいになっている。レイプ、殺人、もっとひどい噂も聞く。

ティーンの部屋に猛獣みたいな悪夢が忍び込んでくる。それは加速し、止まらない。毒々しい色の綿菓子のようにふくらんでくる。悪い夢の方が、きれいなファンタジーより魅惑的なのはなぜだろう。『ネオン・デーモン』の後半の展開は、まるで危険なお菓子のようだ。中にパチパチキャンディみたいな刺激物が仕込んであるお菓子。口の中が血まみれになっても、少女たちはケタケタ笑って食べるのをやめない。スクリーンの中で起こる惨劇も、実のところ大好物だ。

このファンタジーは怖いかもしれないけども、夢から覚めたら待っている荒野のような日常の退屈の方がずっと、ずっと、怖い。だから少女たちはレフン監督が用意した毒入りケーキみたいなこの甘美な悪夢を味わい尽くす。口いっぱい頬張り、指まで舐め尽して。『ネオン・デーモン』はそうやって楽しむのが、きっと正しい。

今を生きる私たちに贈る彼女のストーリー――『コレット』(18)

「むこうみずの勇気という話であれば、若い娘の度胸ほど手がつけられぬものはない」

14歳も年上の作家、ウィリーと結婚したことについてコレットは『わたしの修行時代』(工藤庸子訳)で、そんな風に語っている。

三つ編みを揺らして田園で育った19世紀終わりの若い娘、シドニー＝ガブリエル・コレットにとって、少し怪しげな風情の年上の男に身を任せ、パリで暮らすことは胸ときめく冒険だったのだろう。そして冒険には、失望や失敗、傷がつきものだ。だけどそんなことを顧みないほど彼女は勇敢で、また考えなしだった。ウィリーとの結婚、彼のゴースト・ライターを務めながら同時にミューズとして脚光を浴びた頃のこと、そしてそこからの脱却。コレットにとって彼女のキャリアの始まりとなる日々を描いたこの映画で、キーラ・ナイトレイはそんな「度胸のある若い女」としてのコレットを生き生きと演じている。お下げ髪を切って彼女は洗練された女へと生まれ変わり、『クロディーヌ』を書き、自転車を乗り回し、運動やダンス、マイムの世界に魅せられて、軽やかにロマンスへと飛び込んでいく。そして、最初に彼女を田園から連れ出してくれた夫は不要になるのだ。

ウィリーとコレットの関係は不思議だ。普通に考えれば、コレットは才能や彼女自身の人生を夫に奪われた〝搾取された妻〟ということになる。文学史を振り返ってみれば、妻の言葉や人生から生まれたものを自分のものにしてしまう男性作家は少なくない。スコット・フィッツジェラルドの妻、ゼルダもそうであり、夫の権力や名声が行き渡った文学界から逃れるように、肉体表現に活路を見いだそうとしたところもふたりはよく似ている。ゼルダの場合、それはバレエであり、コレットはパントマイムと舞台だった訳だ。

それにもかかわらず、コレットは才覚があって目端が利く男に搾取された女としての悲壮感が薄い。アーティストではなくミューズ（創造の女神）にされてしまった女性たちの多くが狂気や悲劇的な運命に追いやられたなか、どこか超然として、我が道を往《い》っているように見える。それは恐らく、コレットがなりたかったのは〝アーティスト〟ではなく、自由な自分自身だったからなのではないだろうか。20世紀初めのパリにおいても、そして現代においても、女性にとって自分を手にいれるということは最大の冒険なのだ。

前述の『わたしの修行時代』でコレットは表紙に「習字帳」という飾り文字がついた〝学校のころよく使っていたノートに似たもの〟に『クロディーヌ』の草案となる文章を書いた時の喜びについて綴っている。彼女は紙に筆を走らせ、それをあっさり夫に手渡してしまった。

この無頓着な惜しげのなさは、コレットの特徴でもある。40年代、パリで憧れのコレットに面会した作家のトルーマン・カポーティは、彼女のガラスの文鎮コレクションに目を奪われた。そのなかからコレットは高価なバカラの文鎮を選んで、カポーティにプレゼントしたのだ。恐縮するカポーティにコレットは言った。「ねえ、あなた、自分でも大事にしているものではなければ、贈物としてさしあげたってしようがないでしょう」（トルーマン・カポーティ『ローカル・カラー／観察記録』小田島雄志訳）

彼女は自分の少女時代を書きたかったのであり、作家を目指していた訳ではなかった。名声など、コレットにとっては取るに足らぬものだったのだろう。それよりも、いつもワクワクして新しい冒険に飛び込んでいく方が彼女には大事だった。冒険の過程では男性に束縛され、作品を奪われることもあった。でも、傷だらけになりながら、彼女はちゃんと戦利品を手にして戻ってきた。そして今度は、その成果としての作品を私たちに残してくれた。

ベル・エポックの華やかなフランスを駆け抜けて、軽やかに生きた彼女の人生のストーリーそのものが、コレットから現代を生きる女性たちへのプレゼントである。

ラス・フォン・トリアーが大嫌い――『メランコリア』(11)

ラス・フォン・トリアーが大嫌いだ。

『ダンサー・イン・ザ・ダーク』(00)というクソみたいな作品を撮った監督である。

『ドッグヴィル』(03)も同じくらいひどかった。

露悪趣味はともかく、その世界観の根底にあるものが幼稚に見えて仕方ない。

『ミラノ、愛に生きる』(11)を撮ったイタリア人の監督、ルカ・グァダニーノは彼について「ママに振り向いて欲しくて悪戯をする子供みたいだ」と言っていた。トリアーのカンヌ映画祭のナチス発言の前の話である。

ところが、そんな男が傑作を撮った。

今年の私のナンバーワン映画だ。どうすればいい。

幸せなんて信じられないのに、豪華な結婚式を開きさえすれば、まともな人間になれるのではないかと信じて破滅する女の話である。

幻想的で、虚無的で、美しい真夜中の結婚式が進行していく内に、ヒロインのジャスティンはどんどん壊れていく。しかし彼女の破壊的な行動の全ては、自分を地中に引きずりおろそうとするような憂鬱を振り払いたいがためなのだ。

本当はこの結婚式の先に幸せな人生なんかないことを彼女は知っている。あるのは「無」だけ。彼女がその虚しさに自分を明け渡した瞬間、夜空からアンタレスの星が消えて、地球を破滅させる惑星「メランコリア」が現れる。

ワーグナーが鳴り響く中、これから始まる物語をいきなり総括するようなオープニングの映像からしてゴージャスだ。詩的な世界の終わりの描写はタルコフスキーの『サクリファイス』(86)を思わせる。

でも、一番似ている映画を挙げるとしたら、それは『ドニー・ダーコ』(01)だ。

もっと似ているものがある。アンナ・カヴァンの小説である。頑なな女の中に眠る砂嵐のような虚無が世界を飲み込んでしまうという、これは究極のセカイ系乙女SFなのである。

そんなヒロインを演じるのに、キルスティン・ダンストほどの適役がいるだろうか。この十年、彼女はアメリカ映画における少女性のシンボルだった。彼女が象徴するものは『ヴァージン・スーサイズ』(99)においては、一つの時代とサバービアの街と、そこに育った少年たちのイノセンスの終焉に捧げられる生贄でしかなかった。『メランコリア』において彼女の少女性は肥大し、逆に世界を崩壊させるまでに至ったのである。

なぜ、このヒロインは世界を壊すモンスターになってしまったのか？　その答えがちゃんと劇中の家族の関係の中で描かれているんだから驚く。今までのトリアーのぺらぺらの世界観で作られた映画からは考えられないような精密さである。ルックス的に姉妹に見えるかどうかは置いといて、シャルロット・ゲンズブール演じる姉クレアとジャスティンの関係も「正しい」。姉妹を描いた映画としても『メランコリア』は本当によくできているのだ。

トリアーにとって彼の映画のヒロインはいつも、汚辱にまみれることによって彼の魂を救ってくれる天使だった。私はその世界観が心底嫌だった。でも今回、彼は多分、初めてヒロインに自己を投影したのだ。その結果、共に鬱病経験者の監督と女優は驚くようなケミストリーを発揮したのである。

しかしどうしてもキルスティンしか考えられないようなこのヒロインを、本当はペネロペ・クルスにあてて書いたっていうのだから、やっぱりラス・フォン・トリアーはしょうもないと、ちょっと安心するのだった。

少女の普遍を描いたダークなおとぎ話――『イノセント・ガーデン』(13)

無防備なキャミソール姿の少女が森の中で素足になり、靴ずれの痕に草の尖った歯を刺して、ぷちっと透明でとろりとした漿液《しょうえき》を出す。ゆで卵をキッチンテーブルの上で転がして、青白い殻がひび割れて欠片になっていく様子を見守る。

『イノセント・ガーデン』において、事故で父親を亡くした少女インディアを取り巻いているのは、透明な卵白と不吉な色をした卵黄を薄い殻に閉じ込めた卵のイメージだ。毎年誕生日になると贈られてくる、黄色いリボンを結んだプレゼントの箱。バニラ・クリームのバースデー・ケーキに立てられた黄色いキャンドル。黄色いリボンで束ねられたラベンダーの花。叔父が学校に迎えに来た時に持ってくる黄色い傘。黄色い鉛筆。芯の尖ったそれは、インディアを守る武器になって時に血に染まる。

インディアはいつもブラウスやワンピースのボタンを一番上まで留めている。頑なな少女らしい習性だが、彼女が身につけている服はシアーで柔らかい素材が多く、そこから少女の固い身体がのぞく。普通の18歳よりも幼く見えるインディアの服装について、衣装担当のカート・

スワンソンとバート・ミュラーはバルテュスの絵やヘンリー・ダーガーの描く少女たちを参考にしたという。そういえば、インディアが絹のスリップを着てニコール・キッドマン演じる母イヴリンの髪をとかすシーンは、バルテュスの室内画そのものだ。しかし、サドル・シューズの靴ひもをきゅっと締めても、首もとまで服で隠しても、その中で揺らめく少女は窮屈な檻から逃れたがっているようだ。

彼女はもうすぐ孵化する卵のように張りつめて、透きとおっている。そこから何が生まれてくるのか、インディア本人にも分からない。彼女は学校や外部の世界の人に心を許さず、ひどく怯えているように見えるが、やがてインディアが恐れているのは他者ではなく自分自身なのだということが分かってくる。足を這ってくる蜘蛛の脚のひそかな感触をキャッチし、花を生けた花瓶を写生する時にも花瓶の内側のパターンの方に目がいってしまうほど敏感なインディアは、自分の奥底に眠っている何かを既に感じ取っている。邪悪な何か。それに自分を明け渡したら、自分自身でなくなってしまうような何か。彼女の父親はそれを飼いならすために、インディアに狩猟を教えた。悪いことを時々すれば、決定的な過ちを犯さずに済むからと言って。

『イノセント・ガーデン』はパク・チャヌクらしい暴力表現と生々しい感覚に満ちた映画で、現実離れしている。しかし同時に少女の普遍がここにはある。性や変わっていく自分に違和感を覚え、立ち止まり、やがてそれを受け入れるというプロセスをここではダークなおとぎ話として描いているのだ。全ての少女が夢見る甘美な悪い夢。実際、物語の途中まで、インディアの周囲に起こる事件は過敏な彼女が生み出した妄想なのか、現実なのかはっきりとは分からない。少女というものは、夢うつつの状態でこんな危ういビジョンを見ているものなのかもしれない。

殻に閉じこもろうとしているインディアの目覚めを促すのは、長い間会わなかった叔父のチャーリーだ。一見すると完璧なジェントルマンだが、何か後ろ暗いところがありそうな、不思議な男。インディアは彼に自分の中に眠っている邪悪さと同じものを見いだす。叔父は同年代の男子たちよりもずっと自分の近くにいる分身のような存在であると共に、初めて本当に対面する異性でもある。

インディアとチャーリーの関係性は、ヒッチコックの映画『疑惑の影』(43)のテレサ・ライト演じるチャーリーとジョセフ・コットンのチャールズを思い起こさせる。何かを隠している叔父と、利発さで彼と張り合い、惹かれ合う姪。叔父に似ているからこそ、チャーリーはチャールズのした恐ろしいことが分かってしまう。チャーリーとチャールズは光と影に分かれているが、名前からも分かる通り同じ人間の裏表なのだ。

インディアとチャーリーの場合はどうだろう。このふたりがよく似ていることは、ルックスからも明らかだ。インディアを演じるミア・ワシコウスカは本来明るいブルネットの髪で榛色《はしばみ》の瞳だが、この映画ではチャーリー役のマシュー・グードに合わせて髪を暗い色に染め、瞳をブルー・グリーンにしている。チャールズは自分の姪が目覚めるのを待ち構えていて、誘惑する。上質なセーターが似合う、エレガントで残酷な叔父を演じるグードは魅力的だ。ただ、チャーリーには誤算があった。本当に解き放たれた時、彼女はトラウマに支えられた叔父の凶暴性など軽々と飛び越えてしまうのだ。

「これが私。花が色を選べないように、人は自分を選べない。それを知れば人は自由になれる」

冒頭のインディアのモノローグが意味することを、観客は想像を絶するラストで知ることになる。それはインディアにとっては解放であり、鳥がまだ粘つく新しい翼を広げるようにスカートを風になびかせて、彼女が飛翔した証なのである。

いつか、その夢から覚めたとき――『ガール・オン・ザ・トレイン』(16)

電車で通勤している時や、どこかに向かっている時。ふと、窓の外に流れていく風景の中にオフィス・ビルやマンションを見つけ、その窓の中にいる人たちの生活のワン・シーンを目にしてしまう。誰もが経験することではないだろうか。窓から一瞬目撃したその人々は幸せそうに見えただろうか？　あるいは不幸そうだったろうか？　もし、そこからあなたが読み取ったものと、事実が逆だとしたら、どうだろう。

ポーラ・ホーキンズのミステリー小説『ガール・オン・ザ・トレイン』(講談社文庫)は、そんな「偶然の覗き見」から思わぬ方向に話が進んでいく。電車から人の家を覗く女。彼女に見られていることを知らない女。そして、そのふたりをつなぐ存在となるもうひとりの女。それぞれの独白から見えてくるのは、電車の窓から一瞬だけ見えた風景から最初に想像されるものと、まったく違う物語だ。しかも語り手である三人の女たちはそれぞれの理由で「信頼できない語り手」なのである。特にその内のひとりはアルコール依存症でブラックアウト(急性の中毒症状による意識障害)を引き起こす傾向があり、彼女自身も自分を信じることができない。そのスリリングな語り口で小説はベストセラーとなり、その映画化作品である本作も大ヒットとなった。

エミリー・ブラント演じる主人公のレイチェルは、線路脇の一軒家に住むカップルからどうしても目を逸らすことができない。彼女はそこに、理想的なラブ・ロマンスを見ている。レイチェルがふたりを見ずにいられないのは、その家と同じ並びに、かつて自分が夫と暮らした家があるからだ。その家には今、元夫が新しい妻と暮らしている。恥辱と孤独はレイチェルを蝕み、アルコールへとかきたてる。飲み過ぎると彼女はブラックアウトを起こして、記憶が飛ぶ。一旦そうなってしまうと、酔っている時の自分の言動が分からなくなって、責任感も消えてしまう。忘れようとして忘れるのではなく、記憶そのものが消滅してしまうので、ブラックアウトを経験した人は自分の行動に責任が持てず、罪の意識を抱くのさえ難しいという。レイチェルには常に自分が何か恥ずかしいこと、恐ろしいことをしてしまったかもしれないという自己不信がつきまとう。誰かが自分のとんでもない姿を見たかもしれないと思うと、他人の視線も怖い。

原作の舞台はロンドン郊外だが、映画はニューヨーク州北部の郊外、ヘイスティング＝オン＝ハドソンに場所を移している。仕事をクビになったことを同居人の友だちにも言えず、レイチェルはそこから毎朝メトロノース鉄道のハドソン線に乗って、マンハッタンのグランド・セントラル駅に通っている。レイチェルが（アッパー・イーストサイドから、グランド・セントラル駅とそう遠くないミートパッキング・ディストリクトに移転してきた）ホイットニー美術館で、ジョージー・トゥーカーの絵画「ニューヨークの地下鉄」を見るシーンがある。この場面のためだけにでも、舞台をニューヨークに変えた意味があると思った。都市の中で人目を気にし、怯えている絵画の中の女性はレイチェル本人を思わせる。被害妄想と自己不信は、多くの人が行き交う都会で誰とも触れ合えない孤独な人につきものだ。レイチェルが電車の窓から見たファンタジーは、彼女の孤独が引き起こした妄執なのである。

しかし、この物語で妄執にとらわれているのは、果たしてレイチェルだけなのだろうか？　一見幸せそうな郊外の主婦である他のふたりの女も、現実に自分が見たい幸福のビジョンを重ねているだけなのではないか。都会が孤独によるパラノイアを生み出すところなら、郊外の高級住宅地は完璧な家庭生活という危険な幻想の温床になりうる場所だ。誰かを愛して、愛される生活こそがハッピーなのだという夢が、三人の女の目を曇らせている。

その夢から覚めた時、三人を待っているのはどんな真実なのか。固唾を飲んで、見守らずにはいられない。

20世紀の女たちへ――『20センチュリー・ウーマン』(17)

『20センチュリー・ウーマン』には、20世紀を駆け抜けて生きた、三人の女性が出てくる。

ジェイミーの母ドロシアは映画の舞台である1979年の時点で55歳。1924年生まれだ。ガーシュウィンが「ラプソディ・イン・ブルー」を発表した年である。アメリカはジャズ・エイジの真っ盛り。女性たちは19世紀のコルセットから解放されて自由に動くことができる服装を手にいれた。女性たちがテニスを楽しみ、髪をばっさり切ったフラッパー・ガールズが夜な夜なジャズ・クラブに繰り出しチャールストンで夜を明かした時代。でもドロシアには、そんな華やかな記憶はないはずだ。彼女の物心がついた1929年には、ニューヨーク市場で株が大暴落している。息子のジェイミーの言う通り、デューク・エリントンの音楽で踊るドロシアは「大恐慌時代の女」なのだ。第二次世界大戦に突入し、アメリカの本土で男手が足りなくなった1943年、女性たちを工場労働へと駆り出すためにポスターが作られる。当時19歳だったドロシアは、水玉模様の赤いバンダナを頭に巻いて、デニムシャツの腕を捲り上げた女性が「We Can Do It!」というメッセージを送るこのポスターを見ただろうか。このポスターがフェミニズムのシンボルとして再発見されるのは、1980年代のことである。

戦争から男たちが帰ってくると、働いていた女性たちは大都市の郊外に建てられた小綺麗な一軒家にまた閉じ込められる。再びコルセットでウエストをきつく締め上げた女たちがエプロンをかけて、ピカピカのキッチンでママとして家庭に君臨するホーム・ドラマの時代の幕開け。グレタ・ガーウィグが演じるアビーが生まれた1955年は、まだそんな保守的な頃だ。でもベビー・ブーマーであるアビーはそこからアメリカが、そしてアメリカの女の子たちが変わっていく過程を直に体験したはず。映画『暴力教室』(55)が公開されて主題歌の「ロック・アラウンド・ザ・クロック」が流行ったのが1955年。アビーはロックンロールの誕生と共に産まれた。アビーは後にデヴィッド・ボウイを真似て髪を赤く染めるが、ボウイの妻となるモデルのイマンと彼女は同い年である。

1964年、アビーがまだ8歳か9歳の時に、リバプールからビートルズがアメリカにやってきた。JFK空港は彼らを一目見ようと詰めかけたビートルマニアの女の子たちで溢れかえった。女の子たちが歓声と共に弾けて、自由になった瞬間。セックスにも結婚にも出産にも子育てにも結びつかない、純粋なときめきとアイドルを彼女たちは手にいれた！　その翌年、後にアビーが向かうニューヨークでは、窮屈な上流階級の家族から逃れてやってきたイーディ・セジウィックがポップ・アートで世の中を席巻していたアンディ・ウォーホルと出会い、彼のスタジオである「ファクトリー」のスターとなった。女性のスケートボード大会で初のチャンピオンとなったパティ・マギーが、逆立ちしてスケートボードに乗っている写真が「ライフ」の表紙を飾った。アビーにとって、ロンドンからやってきたミニ・スカートが似合うやせっぽちのモデルのツィギーや、髪に花を挿してサンフランシスコのヘイト・アシュベリーを目指す裸足のヒッピーの少女たちは、ローティーンの時に目の前を過ぎていく、今はまだ手に届かない自由の象徴だったかもしれない。

1971年に16歳だった彼女は、ウィメンズ・アクション・アライアンスを立ち上げ、女性運動を牽引していくジャーナリストのグロリア・スタイナムとアフリカ系のアクティビストのドロシー・ピットマン・ヒューズが並んで拳を上げている「エスクワイア」の写真を見ただろうか。彼女がフェミニズムの勉強のためにジェイミーに渡す本の一冊、ロビン・モーガン編集のラディカル・フェミニストたちのアンソロジー『連帯する女たち』（未訳）はこの前年の1970年、もう一冊の『からだ・私たち自身』（松香堂書店）は1971年に出ている。女性文化が大きく飛躍する、その素地が整った時にアビーはニューヨークへと羽ばたいた。CBGBでパティ・スミス・グループやブロンディがプレイしていた頃。フィメール・ロッカーたちが、ニュー・ウェイブというジャンルで輝き出し、自分を見いだした時代だ。その頃に大人としての自我に目覚めた女性たちは、ヒッピー文化から退散して早々とヤッピーになることを目指し始めた少し年上の男たちのはるか先を行っていたに違いない。

1962年生まれ、ジェイミーの少し年上の幼なじみであるジュリーにとって、60年代の性革命や70年代はじめの女性運動は既に幼少期の記憶に過ぎない。肩パットの入ったスーツにスニーカーというスタイルで通勤して、会社でハイヒールに履き替える。そんなキャリア女子たちが都会を跋扈するようになるほんの少し前。挑発的なマドンナがストリートからMTVに飛び出して、メインストリームの音楽世界における女の子像を永遠に変えてしまう少し前。そんな手前の時代で、17歳のジュリーは自分を持て余している。映画のスクリーンでは、ジュリーと同い年のジョディ・フォスターやクリスティ・マクニコルがティーンとして早熟な魅力を振りまいている。


若い女の子にとってセックスはパワーだけど、それで傷つけられることも多い。劇中でジュリーが読んでいるジュディ・ブルームの『キャサリンの愛の日』（集英社文庫）は、ヤング・アダルト小説で初めてティーン同士のセックスを描いたベストセラーだ。70年代から80年代の半ばにかけては、14歳から20歳くらいの読者層をターゲットとしたヤング・アダルト小説が多く出版された。ジュリーの年代の女の子たちは大きなマーケットとして見られていたのだ。それが80年代のティーン映画のブームへとつながっていく。

ジュリーがパリへと旅立った後の90年代のアメリカでは、かつてのアビーのような女の子たちによるフェミニズム思想を持ったパンク・ムーヴメントのライオット・ガールが始まった。20世紀の女性たちをめぐる動きは同じことの変奏曲のようだが、少しずつ前進している。ドロシアや、アビーや、ジュリーの戸惑いや希望は、光になって次の世紀の女の子へと手渡されていくのだ。

男のいない女たちの世界——『The Beguiled／ビガイルド　欲望のめざめ』（17）

誰かここから私を連れ出して欲しい。

ソフィア・コッポラの描く少女たちは、閉ざされた空間の中でいつもそう訴えてきた。サバービアの住宅の中で。夫や父親に置き去りにされた高級ホテルで。そして冷え冷えとした18世紀のヴェルサイユ宮殿で。彼女のヒロインたちは孤独だけを薄い鎧のようにまとい、風と光を感じ、細い髪をなびかせながら、いつかは誰かがやってきて自分を閉じ込めている世界の不条理を突き崩し、この寂しさから救ってくれると夢見てきた。

南北戦争終焉間近のバージニア州を舞台にした『The Beguiled／ビガイルド　欲望のめざめ』でもそれは変わらない。ただ、ここにはいつもソフィア・コッポラの少女たちを包んでいた優しい光はない。鬱蒼とした南部の森はそれ自体がダークな要塞のようだ。女たちだけが暮らす白い屋敷の内部は、夜になると更に暗い。少女たちが身につけるタフタのドレスやリボンの光沢も、ロウソクのかすかな光が淡く照らすだけ。ソフィアのお気に入りの映画であるスタンリー・キューブリックの『バリー・リンドン』（75）を思わせる陰影だ。ここは女学院に取り残された園長と、ひとりの女教師と、五人の生徒からなる小さな共同体だ。はるか彼方では、爆撃の音が聞こえる。自分たちの力が及ばないところで、今まで知っていた世界は崩壊しつつあるらしいということは、女たちも理解している。ソフィアの長編デビュー作『ヴァージン・スーサイズ』(99)にも似た世界だ。70年代のミシガン州郊外を舞台にしたあの物語の向こう側には、デトロイトの凋落があった。あの映画のリスボン姉妹がそうであったように、かつて約束された未来は『ビガイルド』の少女たちにはやってこないのだ。それでも、まるでそんなことは知らないかのように彼女たちは振る舞い、古くからの南部の淑女らしいマナーと服装で、外とはまったく違う世界に生きている。

でも見放されたと思っていたヒロインたちのもとに、待ち望んでいた男性が現れる。しかも、傷ついた北軍の兵士という形で。自分たちが庇護しなければならない存在。愛を注ぐ理由がある存在。少女たちも、大人の女性も「男子！　男子！」と色めき立つ。同じ原作を持つドン・シーゲルの『白い肌の異常な夜』(71)では性に飢えた存在だったのに対し、この映画の少女たちの描き方はまるで男性の教育実習生を迎えた女子校のようなのが面白い。性を知る大人の女性たちも、まだ目覚める前の少女たちも彼を欲してはいるが、欲しいのはセックスだけではないのである。

でも何かを欲しがるということは、欠如を認めることでもある。それまで小さくて完璧な共同体を営んでいた女たちはそれぞれ、自分たちが夫のいない女、婚約者のいない未婚の娘、父のいない少女であることを思い知る。そんな「男のいない女たち」の世界に迎え入れられた兵士の方は何だか居心地が良さそうだ。それは彼が軍隊から脱落した、男の世界の落伍者であることと無関係ではないのだろう。最初から彼がここに君臨しようと思っていたかどうかは分からない。しかし、その優しい世界から締め出される運命にあると知った彼は、ここに居残るために強者として彼女たちを支配することを考える。

両者の思惑がすれ違っていく。閉鎖的な世界から救ってくれる王子様だと少女たちが信じた男は、実は狼だった。レースと絹をまとった貞淑な女たちは、思わぬ凶暴さを秘めていた。『白い肌の異常な夜』では露骨なくらい〝去勢〟のメタファーであったとある出来事も、ここではもっと複雑な意味を持たされている。

ソフィア・コッポラは女学院で起こる悲劇に関して、説明的な台詞を一切入れなかった。彼が、そして彼女たちが本当は何を思っていたかは、映画の中の彼らも、観客も、それぞれが推し測るしかない。それでも、物言わぬ女たちの最後の曖昧な表情から、たった一つだけ読み取れることがある。かつて出て行くことを夢見ていた場所に、彼女たちはとどまり続けることに決めたのだ。決して降伏しないために。二度と自分を明け渡さないために。

まるっきり山岸涼子のマンガみたい――『ブラック・スワン』(10)

日本では今敏の『パーフェクトブルー』(97)との比較によって、『ブラック・スワン』を語ろうとする評が多い。実際、ダーレン・アロノフスキーは今敏の熱狂的なファンであり、その影響を認めて『レクイエム・フォー・ドリーム』(00)ではオマージュを捧げている。また、自分の知らぬところで「分身」が動き回り、予期せぬ行動を取るという筋においても二つの作品はよく似ている。壁に貼ってあるポスター(『ブラック・スワン』の場合は肖像画)が蠢くシーンは、かなり直接的な引用といえるだろう。

にもかかわらず、私には『ブラック・スワン』と『パーフェクトブルー』がそんなに似ているように思えない。「分身」というテーマはもっと遡って、アロノフスキー本人がインスパイア元と告白しているドフトエフスキーの小説から読み解くべきだろうし、何よりも映画というものは、監督が示唆する元ネタだけでできているのではない。タランティーノ本人が開示する作品の元ネタを全部足していっても、タランティーノの映画にはならないのだ。そんなことはみんな分かっているはずなのに、どうして元ネタの羅列で映画を知った気になれるのだろうか。

だから実際に元ネタか元ネタでないかは置いておいて、私は『ブラック・スワン』を『パーフェクトブルー』から解放するべきだと思うのだ。

日本の作品で『ブラック・スワン』と対比させるべきなのは山岸凉子のマンガだ。なぜって、そっくりだから！　その世界観、幻想シーン、ヒロインのニーナを演じるナタリー・ポートマンが始終額に青筋立てて怯えているところ、何よりも「冷酷で支配的なバレエ・コーチ」役のヴァンサン・カッセルが山岸凉子のマンガから抜け出てきたようなルックスである。

初期の代表作『アラベスク』や最新作『舞姫　テレプシコーラ』で、山岸凉子はバレエを通じて自分を解放していく少女の闘いを描いてきた。『ブラック・スワン』も「白鳥の湖」に抜擢されたニーナが役を通して自分を解き放っていく物語だといえる。ただしこの映画の場合、彼女が解き放つのは自分の中に抱えている抑圧された「黒い心」＝ブラック・スワンである。「アイドル」と「セクシー女優」という、どちらも他者から押し付けられたイメージがぶつかり合ってヒロインが自分を見失う『パーフェクトブルー』とは、大きく構造が違うのだ。

ニーナの「黒い心」を抑圧しているのは、彼女と共依存状態にある母親であり、ふたりのグロテスクな関係は母が娘を「少女」の枠に押し込めようとして起こる悲劇を扱った山岸凉子の短編『汐の声』などを彷彿とさせる。そして狂気をもってしかヒロインが自分を解放させることができなかったというラストは『天人唐草』のようである。本国版のポスターのビジュアルもタイトルの下に「一巻」と書き添えたくなるほど往年の少女マンガテイスト。作品が作られた発端やプロセスを無視して、結果だけを見ていうのならば『ブラック・スワン』は完璧に実写版の山岸涼子マンガである。マシュー・リバティークのトリッキーなカメラさえ時に少女マンガの構図のようだ。

光が差す方向に、少女たちは走る――『裸足の季節』(15)

光を感じ、風をはらみ、笑いさざめき、ただその時々の衝動に従って精一杯生きる。『裸足の季節』の冒頭、野生の馬(ムスタング)のように長い髪をなびかせて、濡れたシャツやスカート、太ももから水を滴らせながら海や森で遊ぶ五人姉妹を見ていると、少女であり、かつ自由であるということは何と官能的なことかと思わずにいられない。デニス・ガムゼ・エルギュヴェン監督は、そんな彼女たちの姿をキラキラととらえている。

少女たちが感じる無垢な官能は確かに芽生え始めた性と結びついてはいるが、妻になり、母になるという形のセックスとはまた違うものだ。五人姉妹の祖母や叔父のような保守的な大人からすると、その姿は危険に映る。彼らは、女たちは家の中という社会のみで生きるのを許されている生き物だと信じている。少女たちは両親の娘でなくなったら、妻か母という形で家庭に属さなくてはならない。しかし、両親を交通事故で失ったこの少女たちは孤児であり、そんなレールからは外れたところで生きている。だから大人たちは無理やり囲いを作り、外部と壁を築き、五人姉妹を枠にはめようとするのだ。

イスタンブールのような都会の風俗しか知らないと、これが現代のトルコの物語だとはにわかには信じがたいかもしれない。映画の物語はファンタジー的だが、都会を離れるとこの物語は一気に現実味を増すのだろう。学生時代を謳歌し、近代的な思想と教養を身につけたはずのイスラム教徒の女性たちが、適齢期を迎えた途端に家族の囚われ人になってしまう。トルコの田舎には未だに、そんな保守的な面もあるのだ。

だが姉妹から少女らしい楽しみを奪い、体を覆い隠す服を着せても、野生の息吹を殺すことはできない。抑圧された状況下においても五人姉妹は反抗心と、大人の裏をかく賢さと、お互いの間だけに通じるテレパシーのようなもので自分たちの世界を築こうとする。家に閉じ込められた姉妹が下着や水着姿で寄り添い、部屋で寛ぐ場面は、少女たちの甘酸っぱい体臭が匂い立つようだ。更に中盤の一時の逃亡劇では、そのエネルギーが火花になって飛び散る。手に負えなくなった村の大人たちは、最終手段に出る。野生の少女たちを飼いならすことができないのなら、少女から少女であることを奪ってしまえばいい。そうして悲劇が始まる。

美しい10代の姉妹が、その魅力と奔放さを恐れた近親者によって実家に幽閉される。そのプロットから、本作とソフィア・コッポラの『ヴァージン・スーサイズ』(99)を並べて語る評は少なくない。確かに、抑圧された状況の下で少女たちが独自の耽美な世界を築いていくところは似ている。70年代のミシガン州を舞台にした『ヴァージン・スーサイズ』のリスボン姉妹の顛末は、一貫して彼女たちに憧れる少年たちの目線で描かれている。映画の物語の頃、アメリカの自動車産業の黄金期にモーターシティとして隆盛を極めたミシガン州の都市デトロイトは、コストパフォーマンスの面で勝る日本車の台頭に押され、急激に廃れつつあった。『ヴァージン・スーサイズ』の舞台のようなミシガン郊外の街は、デトロイト暴動をきっかけに街から避難してきた白人たちのコミュニティである。そこには子供たちが大人になった時に出て行く都会は既になく、10代の自由な時間が終わったら、彼らはその時の輝きを胸に小さなコミュニティで朽ちていくしかない。『ヴァージン・スーサイズ』はあくまで語り手である少年たちの物語であり、閉塞感を抱えた郊外の子供たちにとって、リスボン姉妹は潰えていく若さと美しさの象徴なのだ。

一方『裸足の季節』のラーレたちの物語は、今／ここで起こっている中東の少女たちのリアルだ。『ヴァージン・スーサイズ』の姉妹とは違って彼女たちはシンボルではなく、生々しい少女そのものである。息のつまるような感覚にノスタルジーのベールはない。あちらは「奪われた可能性」についての物語だが、このトルコの五人姉妹にはもともと選択肢がない。少女時代から先の自由はないという前提のもとに、彼女たちは未来を自力で築かなくてはならない。

五人姉妹が、自分たちの前に立ちふさがる現実に対処していくその術を見ていると、女たちの戦いの歴史を目にしているような気がしてくる。諦め、決められた未来に身を委ね、本当の自分を押し殺して全てを醒めた目で見ることで、かろうじて自分の内部を守ろうとする者。制度を変えられないのならば、いっそのことそれを利用して自分を閉じ込める実家から出る手段にしようとする者。そして、もっと過激で悲しい方法で自分を解き放とうとする者。そんな歴史を踏まえて考えると、五人姉妹の四女、まだあどけないヌルは目覚め始めた少女たちの「現代」であり、強い瞳の五女ラーレは「未来」である。

彼女たちは諦めず、手を取り合い、本当の自由を探し求めている。傷つき、故郷や家族を失いながらも、光が差す方向に懸命に走っていく。その先にはきっと、少女たちの本当の解放がある。

彼女と、彼女に見捨てられた町の物語――『さよなら、退屈なレオニー』(18)

故郷から都会へと旅立っていく女の子を主人公にした映画作品は、ざっくりと二つのパターンに分けられる。

一つは、地方から出てきたヒロインが憧れの都会に列車や長距離バスから降り立つシーンで始まる作品。そこはこれまでの彼女を知る人がいない、未知の世界だ。都市の中で女の子がどんな経験をし、大人になっていくのか。冒険のような彼女の〝始まりの日々〟が描かれていく。もうひとつは、ヒロインが列車やバスに乗るシーンで終わる作品だ。彼女はどうして生まれ育った町を捨てて、たったひとりで旅立つことを決めたのか。それはスモール・タウンと、生きる場所を自分で選び直した主人公のスウィート・ビターな別れの物語である。

グレース・メタリアスのベストセラーを映画化した『青春物語』(57)。ソーラ・バーチを00年代の少女アイコンに押し上げた『ゴースト・ワールド』(01)。最近ではグレタ・ガーウィグの監督デビュー作『レディ・バード』(17)もそうだ。保守的な建前の裏にグロテスクな秘密を抱え込んだニュー・イングランドの田舎町。はみ出し者の少女の居場所がないロサンゼルスの郊外。眠っているみたいなサクラメントの地方。ヒロインたちは追われるように、あるいは小さなコミュニティから逃げるように都会に旅立っていく。だけど見捨てた瞬間に、彼女たちが愛して憎んだ町はその胸に去来することとなる。

『さよなら、退屈なレオニー』でヒロインが暮らすのはカナダのケベック州の海沿いにある小さな町。このスモール・タウンの閉鎖的な雰囲気には、彼女の家族の歴史も絡んでいる。労働組合のリーダーとして工場の仲間のために戦った父親は、コミュニティから追放された。工場は閉鎖され、町の経済は明らかに傾いている。そんな世相では、レオニーの母親が再婚したラジオDJのような保守派の論客の言うことが受ける。彼女は欺瞞だらけの町の大人たちが嫌でたまらない。そんななか、彼女は、はみ出し者の中年男性に出会う。レオニーとスティーブの関係は、それこそ『ゴースト・ワールド』のイーニドとシーモアを彷彿とさせる。

しかし、全身からいたたまれなさがにじみ出るようなソーラ・バーチのイーニドや、不満と憧れではち切れそうだったシアーシャ・ローナンが演じるレディ・バードと違って、レオニーという女の子は読めない。いろんなことが彼女の中でくすぶっているにしても、表面に浮かび上がってこないのだ。友だちとダイナーにいても、男の子に肩を抱かれていても、嫌いな義理の父親との会食の時と同じく、少しかったるそうにしているポーカー・フェイスの女の子。こんな不機嫌でアンニュイな態度が許されるのは正直、美少女の特権である。カレル・トレンブレイは顔立ちが整ったきれいな少女だが、わざとその美しさを引っ込めているような素っ気ない風情だ。ドラマ『ヴァンパイア・ダイアリーズ』(09～17)のニーナ・ドブレフに少し似ている。でも微妙な表情によってはジャド・アパトー映画の常連である彼の娘のモード・アパトーを思わせる時もあるし、角度によっては若い頃のゾーイ・カザンにも見えたりして、なかなかつかめない。愛したいのにこちらに愛する隙を与えてくれなくて、もどかしい。

レオニーがどんな女の子だったか分かるのは、彼女がいなくなった時だ。無口な少女の鮮やかな残像は、まるでスモール・タウンに刻まれた赤い傷跡のようである。レオニーがどんな風に町を去るかは、映画の冒頭で予告されている。彼女が赤い棒キャンディを取り出した瞬間、観客はその時がきたことを知る。なぜ、あのタイミングだったのか。はっきりしたことは分からないし、レオニーは聞いても答えてくれないだろう。でもあの時、彼女は不甲斐ない父親やスティーブ、そしてこの町のことを許したのだ。それと同時に、自分が町を捨てていくことも許したのである。

レオニーの不在を示す最後のシーンは秀逸である。その欠落によって、彼女がどんな輝きを秘めていたのかが分かる。女の子に捨てられていく小さな町の物語では、バスや列車の窓から見えるその町が、失恋して打ちのめされた男のような不思議な優しさを含んで美しく見える時がある。女の子が旅立つところで終わる物語の本当の主人公は、スモール・タウンそのものなのだ。この映画のラストにはレオニーのまなざしはないが、彼女がいなくなった場所に小さな光が宿る。それは少女が故郷に残した優しさの欠片のようだ。

CHAPTER 2

映画はファッションと街で見る

タータン・チェックのプリーツ・スカートよ永遠に──『クルーレス』(95)

2014年、数年前からR&B/ヒップホップの世界で話題だった白人女子ラッパー、イギー・アザレアがとうとうメジャー・デビューした。日本の女子にとっては長い間、リタ・オラやアゼリア・バンクスと並ぶ「ファッション誌のパーティ・ショットではよく写真を見かけるけれど、本当は何者か今ひとつ分からない」女の子だったと思うが、これでようやく彼女の本業を知る人もいるはず。そのイギー嬢のデビュー・アルバムからの先行シングルとなった「*Fancy*」のミュージック・ビデオを見て驚いた。何せ、映画『クルーレス』そのまんま！

『クルーレス』は1990年代に大ヒットした青春映画だ。当時、エアロスミスのミュージック・ビデオに出て話題になっていたアリシア・シルバーストーンが主演して、大ブレイクを果たした。彼女が演じるヒロインのシェールは、LAの高校に通う勝ち組のお洒落な女の子。彼女の趣味はショッピング、ファッション、そしてダサい同級生をクールに変身させること！映画の中では、とあることをきっかけにそんな生き方を悔い改めることになるシェールだけど、当時の女の子たちは勝ち気でスマートなファッショニスタのヒロイン像に夢中になった。

シェールなくしては、『*The O.C.*』(03〜07)のメリッサも『ゴシップ・ガール』(07〜12)のブレアも存在しない。

イギー・アザレアは1990年生まれ。『クルーレス』が公開された時はまだ5歳だった。ノスタルジーでこの映画を題材に選んだとは考えられない。『クルーレス』とそのヒロインのシェールは、今でも女の子のハートをがっちりつかんでいる。世代を超えて愛される、女子映画の金字塔のような作品なのだ。

公開当時、アメリカの女子高生たちはこぞって『クルーレス』のシェールのファッションを真似た。「*Fancy*」のビデオでイギー嬢も着ている、黄色いチェックのプリーツ・ミニにお揃いのジャケットというコーディネートをはじめとする、ちょっとツイストの効いたスクール・ガール・スタイルだ。映画のファッションが10代にこんなブームになったのは、『プリティ・イン・ピンク』(86)の古着ファッション以来だった。私が個人的に「学園映画のイーディス・ヘッド」と呼んでいる『クルーレス』のスタイリスト、モナ・メイもこの作品を誇りにしている。

「私たちはグランジ・ファッションの全盛期にタータン・チェックとニーハイ・ソックスとストラップのメリー・ジェーンを流行させたの。それに、プリーツ・ミニ・スカートが嫌いな女子なんてこの世にいないでしょ!」

今では『クルーレス』のスタイルは50年代のオードリー・ヘプバーンのスタイルと並ぶ、映画におけるファッションの「古典」といっても過言ではない。カラフルなスクール・ガール風のミニ・ワンピースやチェックのアイテム。こういうアメリカン・ガール風のファッションはすごく好きなのだけど、私の年齢ではさすがに無理かと思っていたら、映画『ヴィオレッタ』(11)ではフランスの重鎮女優イザベル・ユペールが黄色いタータン・チェックのミニ・スカートにミッキー・マウスのTシャツを着ていた！　ユペール様、すごい。希望をもらった。

アメリカ女子大生ファッション・クロニクル

アメリカのカレッジ・ガールのファッションというと、ボタンダウンのシャツやポロシャツ、レタード・セーターといったアイテムが思い浮かぶ。機能的だけどきちんとしていて、学校と寮が一体となっている学園でパブリックとプライベートの世界を行き来できるようなスタイルだ。若々しく、どこか自由でお転婆なところと、アカデミックな雰囲気に似合うフォーマルな部分が同居している。アメリカ映画の中の女子大生ファッションは、大人の女性の参考にもなる。

『モナリザ・スマイル』(03)の舞台は、1950年代のウェルズリー大学。マサチューセッツ州にある名門のリベラル・アーツの学校で、ヒラリー・クリントンの母校としても有名だ。授業を受ける女子大生たちのファッションも、良家の子女らしく上品なもの。ツインセットのセーターにウールのスカートというコーディネートにも、カジュアルなシェトランドのクルーネック・セーターにも、パールのネックレスが欠かせない。お嬢さんらしいスタイルに学校名のロゴが入ったスウェットのトップスや、スクール・カラーのレタード・カーディガン、バミューダ・パンツを合わせて、ちょっとだけカジュアル・ダウンしているところに、女性の自立の萌芽が見て取れる。

これが60年代になると、女子大生のファッションも一気にヒップになってくる。トム・フォードが監督した『シングルマン』(09)で、コリン・ファースが演じるのはロサンゼルスの大学に勤めるイギリス人の大学教授。映画内で大学名は明らかにされていないが、原作者のクリストファー・イシャウッドが勤めていたカリフォルニア州立大学ロサンゼルス校がモデルだと思われる。授業が終わると、ロスの街に繰りだす生徒も多いだろう。ファッション・モデルのアリーン・ウェバーが演じる女子大生のロイスも、当時の流行を意識したスタイルだ。ブリジット・バルドー風の髪型に、黒のぴったりしたセーターと黒いシガレット・パンツ、フラット・シューズ。ビートニクの少女らしいクールなコーディネートだがシンプルで、扇情的なところがなく、授業に出るのにもふさわしいという訳である。

70年代に大ヒットした『ある愛の詩』(70)は、東部の良家の子女を指す「プレッピー」という言葉を広めた映画としても知られている。アリ・マッグローが演じるヒロインは、ハーバード大学に隣接する女子大、ラドクリフの生徒だった。昔のアイビー・リーグは男子しか入学できなかったため、女子大が隣接していることがある。そうした七つの女子大学をかってはセブン・シスターズと呼んでいたが、ラドクリフのようにハーバードに吸収合併されてしまったところや、共学化したところも多い。
『ある愛の詩』のアリ・マッグローのファッションは、これぞ正統派プレッピー・ガール！というもの。キャンパスを散策する時は、ツィードや赤いチェックのキルト・スカートに紺のピーコート、チェックのマフラー。スポーツ観戦の時は、愛校精神を示すためにえんじと白というハーバードのスクール・カラーのマフラーとニット帽。そしてフォーマルな席にはレースの襟がついたベルベッドのミニドレス。どれも今でも通用するスタイルだ。

新しい時代になると女子大生のファッションもぐっとカジュアルなものになり、パジャマ（！）で授業を受けるようなお行儀の悪い子もいるようだが、古くからの伝統はくだけたファッションのそこかしこに生きている。フェイスブックの設立を描く映画『ソーシャル・ネットワーク』(10)の舞台は2000年代初めのボストン。ボストン大学に通う女子大生のエリカを演じるルーニー・マーラーのファッションはカジュアルだが、色味を抑えているところが上品だ。チャコール・グレーのニット帽に同系色の温かそうなセーター、そしてヘリンボーンのウールのコート。大学生なら、レストランに行くのもこの格好で十分。ボストンの寒い冬にも対応しつつ、ちゃんとお洒落をしているようにも見えるのがポイント。

『ある愛の詩』と『ソーシャル・ネットワーク』の舞台はハーバード大学。ここの出身である映画監督のホイット・スティルマンはニューヨークのアッパー・イースト育ちの生粋のプレッピーで、ファッションにも大きなこだわりがある。

彼が手がけた『ダムゼル・イン・ディストレス』(11)に出てくる大学は、恐らく共学化されたセブン・シスターズの一校、ヴァッサー大学をモデルにしている。共学化によって校内が荒れることを食い止めようとする女子大生グループのファッションは、とても上品。シンプルなワンピースやコットンのフレア・スカートにパステル・カラーのショールや薄手のカーディガンを合わせる、少し古風なスタイルが逆にとても新鮮だった。特に自身もセブン・シスターズのバーナード大学出身である主演のグレタ・ガーウィグの着こなしは真似したいものばかり。映画に出てくるカレッジ・ガールのスタイルは、時代が変わってもパールのネックレスとボタンダウンのオックスフォードのシャツ、そしてペニー・ローファーの魅力は永遠であることを教えてくれる。

いま、最もオシャレな映画監督は誰？

映画のスタイル・アイコンといえば通常は俳優だが、私はいつも映画を作る人のファッションが気になる。（いつもやや悔しいと思いながらも）ソフィア・コッポラが着ているものはチェックせずにはいられないし、ウェス・アンダーソンに関していえば、出版社は絶対に彼のスタイル・ブックを作るべきだと考えている。私は彼が監督している撮影現場の写真が大好き。ウェスはコーデュロイのスーツや、白いシャツと白いパンツというコーディネートでいつも素敵だ。ウェス・アンダーソン作品の世界観が、その映画を作る彼個人のスタイルに如実に表れている。

私が現在、注目しているもうひとりのお洒落な監督はポール・フェイグだ。『ブライズメイズ』(11)や『デンジャラス・バディ』(13)といったコメディ映画で有名な監督だが、レッド・カーペットのみならず、撮影現場でも英国紳士のようにスーツを着こなしていて、驚く。サヴィル・ロウのアンダーソン&シェパードでスーツを仕立て、トム・フォードのシャツを愛し、サントーニのダブル・モンク・ストラップ・シューズがお気に入りというフェイグ監督。

差し色で紫を使ったり、ボーラー・ハットをかぶってステッキを持ったりと、ファッションへの本気度がすごい。いつも大きめのポロシャツと短パンという、親友のジャド・アパトー監督とはえらい違いだ。

ポール・フェイグも昔はTシャツやジーンズで仕事をしていた。でも、ある時、映画スタジオのエグゼクティヴと話していて自分の服装が嫌になったらしい。スーツは大人の象徴だ。いつまでも学生みたいな格好をしていて、相手に軽く扱われるのは御免だ。そんな風に思って、フェイグ監督はスタイルをガラリと変えたという。もともと、小学生の時に両親にピエール・カルダンのスーツをねだったというお洒落さん。英国紳士的なスタイルを築くまでに、そう時間はかからなかった。昔のハリウッドの監督たちが、スーツで撮影している様子にも憧れていたという。ジェームズ・ボンドにオマージュを捧げたスパイ・コメディの『Spy』(15)(でも主演はおばさんのメリッサ・マッカーシー)を撮ったフェイグ監督、きっとコリン・ファースがサヴィル・ロウ勤めのスパイを演じる『キングスマン』(14)のファッションはガン見したに違いない。

ポール・フェイグ監督はスーツのスタイルだけではなく、作る映画においてもジェントルマンだ。彼の作品の主役はいつもコメディ女優たちである。『ブライズメイズ』で組んだメリッサ・マッカーシーとはずっとコンビを組んで、40代のぽっちゃり女優である彼女をコメディ界のスターに押し上げた。次作は『ゴースト・バスターズ』(84)のリブート。メリッサ・マッカーシー、クリステン・ウィグ、レスリー・ジョーンズ、ケイト・マッキンノンとメイン・キャストはみんな女性! 大胆な配役に驚き、SNSで彼を罵る『ゴースト・バスターズ』ファンもいたが、フェイグ監督はそんな輩にも紳士そのもの。ファンがアップする新『ゴースト・バスターズ』キャストのイラストをリツイートしつつ、失礼な書き込みにもやんわり対処する彼を見て、ますます好きになりました。

追記:2018年のポール・フェイグ監督作『シンプル・フェイバー』では、ブレイク・ライブリーのマニッシュなスーツの着こなしが話題になった。衣装デザイナーのレニー・エールリッヒ・カルフスはフェイグ監督の普段のスタイルを参考にしたという。

「コッポラ二世」、実はロマン派
――『チャールズ・スワン三世の頭ン中』(13)

現実は芸術を模倣するというが、映画監督フランシス・フォード・コッポラの一族と彼の代表作『ゴッド・ファーザー』(72)シリーズのコルレオーネ家のドラマは怖いくらいによく似ている。コッポラ家はあの映画と同じく期待をかけていた長男が夭折、次男がボンクラで当てにならなかったため、別の分野(写真)に進ませた三番目の子供(ソフィア)に家業(映画)を継がせたのだ。

『ゴッド・ファーザー』で家督を継いだ三男のマイケルに殺されてしまう次男フレドに当たるのがソフィアの兄、ロマン・コッポラだ。彼は主にコッポラ家の作品のプロデュースやウェス・アンダーソンの共同脚本家……というか〝お友だち〟として知られている。偉大なる父、人気のある妹、天才の友人と多方面からの七光りで生きる男、それがロマン・コッポラ! そう言いたくなるほど、そして父がソフィアを頼みの綱としたのも分かるほど、ロマンには映画監督としての才能がない。もう、全然ない。発想は悪くないのだが、自分ひとりで書く脚本の内容は薄く、演出力はなく、編集の緩さときたら許しがたいほどだ。ところがこのロマン、恵まれた環境で育った二世らしく、センスだけは売るほどあるんだよねぇ（困った顔）。

二本目の監督作となった『チャールズ・スワン三世の頭ン中』も案の定の出来だった。女にだらしがない人気グラフィック・デザイナーのチャールズ・スワン（チャーリー・シーン）は、明らかに監督のアルター・エゴである。彼が恋人にふられ、それを乗り越えるまでの七転八倒がスラプスティックな妄想シーンを交えながら描かれる……というと、面白い映画になりそうなものだが、これで面白くならないのがロマンのすごいところだ（むしろ褒めている）。しかしこの映画、インテリアや衣装のスタイリングだけは本当に素晴らしいのだ。チャールズ・スワンの住むアールデコ調の家のシーンは全カット、キャプチャーしたいほど。ネオン・サインと北斎の判画が飾られたリビングの壁、真っ赤な廊下の突き当たりに掛られた額装されたジーン・ハーローのポスター、コルビュジエ・チェアにあえて緑のベルベット生地を貼るという外しのテクニック。古いエアストリームのキャンピング・カーを室内に置いて個室として使っている、チャールズの事務所もいい。来客用のホットドックの形のソファにはしびれた。

驚いたことに、映画に使われているのはロマン・コッポラ本人の自宅と事務所だという。一見とりとめなく好きな物を集めたようで、全てが見事に調和しているインテリアは、地味でシンプルだけど全てがハイスペックという妹ソフィア・コッポラの美学の真逆をいくものである。

70年代が舞台なので登場人物たちの服もそれ風だが、デヴィッド・O・ラッセル監督の『アメリカン・ハッスル』(13)の衣装のようなコスプレではなく、今でも使えそうなスタイルばかりだ。丈の短いトップスにワイド・パンツ、フラッパー・ヘアという「70年代に流行った30年代風」の女優たちのファッションや、パトリシア・アークエットのターバン使い、ビル・マーレーの着ているサファリ・ジャケットの絶妙なよれ具合、全てが最高である。映画としてダメでも、私はロマンのこのセンスを正直、愛している。だから彼が粗相をしてソフィアにボートで誘い出され、湖の真ん中でフレドのように暗殺されたりしないようにと祈るのだ。

追記:ロマン・コッポラの最新の代表作は、クリエイターを務めたAMAZONプライムのドラマ・シリーズ『モーツァルト・イン・ザ・ジャングル』(14~18)。ニューヨーク交響楽団の舞台裏をコメディとして見せたこのドラマ、〝ハイ・ブロウなのに空気のように軽い〟ところがいかにもロマン・コッポラの世界だった。監督した第1シーズン7話のヘロヘロなカメラの長回し、偽ドキュメント映画風の第3シーズン7話の滑り具合はさすがのロマン・コッポラ・クオリティだったが、第2シーズンのメキシコ回、第4シーズンの東京回は悪くなく、ここにきて監督としてこなれつつある。ソフィア・コッポラやウェス・アンダーソンの映画では主に第二班監督として活躍。私は「偉大なるブツ撮り専門監督」と呼んでいる。

映画人からファッションを学ぶ

レッド・カーペットや映画の中ではスタイリストが用意してくれたブランド・ファッションで身を固め、パパラッチに撮られる私服の方はとことんラフ……そんな最近の映画スターと違い、黄金期のハリウッドの映画人たちは何かひとつ、その人のトレードマークといえるスタイルを持っていた。

例えば、ケイリー・グラント。伊達男の代名詞のような人で、人前に出る時は常に完璧なスーツ・スタイルだった。プライベートでもそれは変わらず、一緒に暮らしている家族さえも彼のアンダーシャツ姿は見たことがなかったという。しかし、老いても昔と同じカチッとしたスーツ・ファッションで通すのは、少し息苦しい。そう思ったのか、白髪になってからのケイリー・グラントが新しいスタイルとしてこだわったのが、ゆったりとした絹のカフタンだった。華やかでいながら、リラックスしたムードもあって、古くからあるオーセンティックなスタイルでありながら飛び抜けて個性的。歴代の奥方はみんな、彼のためにカフタンを縫うのがルールだったという。太い首と鍛えすぎた肩を気にして、体型をきれいに見せるために常にスーツの襟と袖ぐりを高めにするようにテイラーに発注していたというグラント、カフタンの型もきっと考え抜かれたものだったに違いない。

グラントと数多くの映画で共演したキャサリン・ヘプバーンもスタイルがある人だった。ドレスを嫌い、スラックスを好んだ彼女はアンファッショナブルの烙印を押されたこともあったが、今ではそのシンプルなファッション哲学がお手本とされている。そんな彼女がいつもかぶっている、特徴的な麦わら帽子がある。クラウンの何ヶ所かに穴が空いていて、そこにリボンや紐を通してアゴで結べるようになっている、ちょっと変わった帽子である。リゾート地や撮影中のロケ現場のスナップを見ると、彼女は何年にも渡ってその同じ帽子をかぶっているのだ。通しているリボンや紐の色は常に黒である。好きなアイテムは常に色違いで買い揃えるというキャサリン・ヘプバーンは、この帽子も同じ型のものを買い続けていたのだろうか？　それとも同じものをずっと上手にメンテナンスして使っていたのだろうか。いずれにしても、これこそお洒落！という話である。

飾りのついた変わった麦わら帽子というと、最近では『ブリジット』(02)のアンナ・トムソンが思い浮かぶ。しかし彼女が演じるタイトル・ロールのこだわりは、実は帽子ではない。靴である。奪われた息子を取り返すために、どんな危険な仕事でも引き受けるブリジットがいつも履いているのが、イタリア製のピンヒール。なんとヒールの高さは14センチ！

「ヒールが高ければ高いほどハイになる」という彼女、麻薬取引のために中東の砂漠に行った時さえ、よろけながらもピンヒールを脱がなかった。

自分のプライベートでのスタイルを、映画に反映させる俳優もいる。アフリカ系アメリカ人の男優の中でも、とびきりの洒落者として知られているサミュエル・L・ジャクソン。タランティーノの映画『ジャッキー・ブラウン』(97)で彼が演じた武器の密売人は、いつもカンゴールのベレー帽をかぶっている。カンガルーのワンポイントがフロントにくるかぶり方だが、軍帽を思わせるせいか、不思議とハードボイルドで粋な雰囲気が漂う。これはカンゴールの帽子を普段から愛用しているサミュエル・L・ジャクソンが提案して、実現したスタイルらしい。カンゴールの帽子はこの時期のヒップホップ・ファッションの定番だが、ジャクソンは一捻りして大人のスタイルとして取り入れている。

ヒップホップのスタイルと他のファッションの融合といえば、『スウィンガーズ』(96)のジョン・ファヴローも忘れがたい。ロサンゼルスの売れない俳優たちのナイト・ライフを描いたこの映画で、ジョン・ファヴローは脚本を書いて主演を務めた。つまりは自分たちの私生活を題材にしたのである。ネオ・スウィングが流行していた頃で、ファヴローも彼の仲間もボウリング・シャツにフェドラの帽子という40年代スタイルで決めている。シャツはクタッとした体に馴染むものを古着屋で選んでいるところがポイントだ。もうひとつ、ヴィンテージをモダンに着こなす時のこだわりがパンツのウエストの位置。ファヴローは低いところにウエストを落としている。この一点の工夫が、レトロ・ファッションを独自のスタイルにする時のキーなのだ。

ハリウッド黄金期のスターのスタイルは現実のファッションにも影響を及ぼしたが、今でもそれはない話ではない。『ジョージア』(96)でジェニファー・ジェイソン・リーが演じたのは、場末のクラブでロックを歌う売れないシンガー。彼女は下着のようなスリップドレスを着てステージに立つ。ラベンダー色のスリップから黒い下着をのぞかせたファッションは女性ロック・シンガーたちを虜にし、コートニー・ラヴをはじめとするミュージシャンたちがこぞって真似した。リーの演じる貧しいミュージシャンのオリジナルなスタイルが、インパクトがあった何よりの証拠だ。

純白であるほど罪が深い、ホワイト・スーツの美学

白いスーツ。映画においてそれは、正統派のヒーローというよりも、アンチ・ヒーローが着るものだった。純白のスーツを着られるのは、自らの手を汚さなくても済む人間だ。つまり、大金持ちか、誰も彼に触れることが許されないような冷酷なギャングか。そういう衣装だったのである。

無声映画時代には、セシル・B・デミルの『チート』(15)で悪役の早川雪洲が白いスーツを着ている。表沙汰にしたくない借金を抱えた上流階級の夫人を襲う冷酷なアジア人骨董商に、白いスーツを着せるのはなぜか。そのスーツが純白であればあるほど、彼が汚れているという証になるからだ。早川は白いスーツ姿でエキゾチックな魅力と強烈なセックス・アピールを放ち、ハリウッドでスターダムにのぼった。

アンチ・ヒーローこそがヒーローとされたニューシネマ時代には、白いスーツが血や泥にまみれることで主人公たちはむしろ輝いた。一代で富を築き、愛する女に裏切られて死んでいく『華麗なるギャツビー』(75)でロバート・レッドフォードは、ラルフ・ローレンの白いスーツ

に身を包んでいた。サム・ペキンパーの『ガルシアの首』(74)では、ウォーレン・オーツが汗とメキシコの砂で白いスーツを汚しながら、賞金が賭けられた男の首を求めて悲劇的な旅を続けた。そして『サタデー・ナイト・フィーバー』(77)のジョン・トラボルタはディスコ「オデッセイ2001」のダンス・フロアに真っ白なベルボトム・スーツで降り立ち、そこを支配する王になったのである。

白いスーツを着たアンチ・ヒーローのアイコンといえるのは『スカーフェイス』(83)のアル・パチーノだろう。彼が演じたギャング、ジョニー・モンタナはラッパーたちの憧れであり、ヒップホップ・ミュージシャンが白いスーツを着るのはこの映画に倣ってのことである。最近で白いスーツが似合っていたのは『デューク・オブ・ハザード』(05)で町を取り仕切るボスを演じたバート・レイノルズ。彼も70年代のアンチ・ヒーロー俳優であった。

追記：バズ・ラーマンのリメイク版『グレート・ギャツビー』(13)では当然、レオナルド・ディカプリオも白いスーツを着た。ギャングとして成り上がる男を演じて自ら監督した『夜に生きる』(16)では、ベン・アフレックが白いスーツを着ている。シャーリーズ・セロンがバッドアスなスパイを演じた『アトミック・ブロンド』(17)で着ている白いコートは〝悪い男の白いスーツ〟と同じ意味を持つ衣装だ。

ファッションから浮かび上がる60年代南部の女性たち
――『ヘルプ～心がつなぐストーリー～』(11)

ブリッジやタウン・ミーティング、チャリティ・パーティに明け暮れる南部の小さな町の女性コミュニティと、そこに仕えるメイドたちを描く『ヘルプ～心がつなぐストーリー～』は60年代のファッションが楽しめる映画だ。しかし、この映画のファッションは、同じ60年代でも例えばニューヨークのような都会を舞台にした作品とはだいぶ違う。ミシシッピ州ジャクソンに暮らす女性たちの服装について考える時、衣装のシャレン・デイビスが参考にしたのはファッション誌ではなくシアーズやJCペニーの「通販カタログ」だったという。都会のデパートに行く機会のない女性たちにとっては、当時はこうした通販のカタログこそが重要なファッション・ソースだった。

通販のカタログに掲載されている商品は決して最先端のモードではなく、中庸が求められる地方都市でも受け入れられる保守的なデザインである。だから華やかに見えるジャクソンの白人女性たちのドレスは、この時代からすると少し〝遅れている〟ファッションなのだ。エマ・ストーン演じるスキーターが連絡を取るニューヨークの編集長エレイン・スタイン（メアリー・スティーンバージェン）のシックなスーツと比べてみれば、その差は一目瞭然だ。ジャクソンが時代の変化に対応できない、古いしきたりにとらわれた町であることが女性たちの服装からも浮かび上がってくる。

しかし、時代に反してちょっとかっちりしているジャクソンの女性たちのファッションは、今の目で見るとまた新鮮に映る。パニエでふくらませたスカートと細くシェイプしたウェストのラインが印象的なフローラル・プリントのドレスの数々や、靴とハンドバックにイヤリングやネックレスの色を合わせるスタイリングなどは、ケイト・スペードやトーリ・バーチといったこの時代の上流階級ファッションを参考にしたブランドを好む現代の女性たちにも大いにお手本になりそうだ。

セリア（ジェシカ・チャステイン）が大きなバストやヒップを強調するかのように着ている大胆な黄色のオールインワンや、メイドたちの制服と教会に行く時の手作りらしき晴れ着も気になるが、『ヘルプ』の衣装でいちばん注目したいのは対照的なヒリーとスキーターの服装だ。演じるブライス・ダラス・ハワードとエマ・ストーンはふたりとも赤毛がトレードマークだが、ヒリーはその髪をきれいにブラッシングして赤銅のように光らせ、ボリュームを出して結い上げて、いかにも南部の上流階級の主婦というヘアスタイルにしている。一方、スキーターはやや金褐色に近い巻き毛をそのままくるくるとうねらせている。書き物をする時に低い位置でポニーテールにするかヘアバンドで前髪を留めるくらいで、ヒリーと違って飾り気がない。髪型ひとつにしても、このふたりのパーソナリティの違いが見て取れる。

ヒリーは常に頭のてっぺんから爪先まで完璧なスタイリングで人前に現れる。映画の登場シーンの彼女は目が覚めるようなグリーンと濃いピンクのフローラル・プリントのサマー・ドレスを着ている。たっぷりギャザーをとったスカートと、胸元とウエストのピンクのリボンは一歩間違えると少女趣味だが、きちんとしたハンドバッグやハイヒール、手袋と合わせると不思議と大人びて見える。一方、新聞社の面接を受けてから高校の同級生であるヒリーたちの集まりに顔を出すスキーターは、フリンジ飾りがついたクロップド・ジャケットとペンシル・スカートという、地味なツーピース姿である。髪もスカートもふんわりとふくらませたヒリーに対して、いつもスキーターはすとんとしたラインの服を着ている。ヒリーのドレスの素材がシルクならば、スキーターのスカートやシャツ・ブラウスはコットンである。ヒリーははっきりとした色合いのプリントが好みだが、スキーターが身につけているのは淡い色のギンガム・チェックだ。

男子受けしない、子供っぽい格好をしていると劇中では思われているスキーターだが、実は現代の女子にとって本当に使えるスタイリングは、ヒリーよりも彼女の方かもしれない。着心地が良さそうでシンプルなスキーターの服装は、そのまま彼女の生き方とも結びついている。よく見ると何でもないスカートのポケットに飾りボタンがついていたり、ポスターで着ているピンク・パープルのドレスに控えめなボウ・タイがついていたりと、少女っぽいディテールが隠れている。ニューヨークに旅立つ前、スキーターはアイリス・ブルーの小花模様のドレスとレース・モチーフのついた水色のカーディガンを着ている。それは少女の感受性を持ちながらまっすぐ大人になったスキーターという女性をよく表しているファッションだ。

『ヘルプ』にはどこか上質な少女小説を感じさせるところがある。スキーターのファッションはまさしく大人になった少女小説のヒロインが身につけそうなものばかりで、素朴だが不思議と心に残る。

アルモドバル監督が描く憧れの女優たち――『抱擁のかけら』(09)

『抱擁のかけら』で最も忘れがたいシーンの一つは、劇中映画『謎の鞄と女たち』のために、監督であるマテオとヘア・メイク、スタイリストたちが、これから女優としてデビューするヒロインのレナをキャンバスのようにして様々なルックを試す場面だろう。

それまでのレナは富豪の愛人らしく高価そうなスーツやドレスに金の大ぶりのアクセサリーをつけ、ゴージャスだが少し倦んだような雰囲気を身につけている。60年代のコメディ映画『求むハズ』(60)で成金娘を演じた時のソフィア・ローレンを思わせる。それが前髪を短くしてポニーテイルを結い上げ、眉をキリリと強調したメイクに変えた途端、フレッシュな魅力が溢れ出す。オードリー・ヘプバーンをイメージしたルックで、鏡の前で自分の姿を見ているレナはまるで『ローマの休日』(53)で髪を切って喜ぶアン王女を演じた時のオードリーのようだ。お金持ちに囲われた女からレナが映画女優に生まれ変わる、スター誕生の瞬間である。

『ティファニーで朝食を』(61)風に高く結い上げた髪型と『麗しのサブリナ』(54)風のポニーテイルを試した上で、『謎の鞄と女たち』のヒロインのルックは後者に決まったらしい。撮影風景でレナはポニーテイルで愛らしい魅力を振りまいている。レナを演じるペネロペ・クルスは小柄でグラマラス、オードリー・ヘプバーンは長身でスリム過ぎるくらいスリムだが、マテオはレナをファッションでオードリー風のヒロインに変身させた。あるいは、アルモドバル監督がペネロペ・クルスにオードリーを投影したというべきか。

色彩豊かなアルモドバル映画らしく、オードリー風でありながら、レナの衣装はどこかカラフルな60年代の楽しさがある。胸元の白いパイピングが印象的なカフェ・オ・レ色のミニ・ワンピースはマリー・クワント風、ジャージー素材らしい紺と白のアンサンブルに可愛らしいマーガレットのブローチをつけたスタイリングは同時期のピエール・カルダンっぽい。オードリー風といっても、イーディス・ヘッドの上品なスタイリングやジバンシィがデザインしたエレガントなドレスが印象的な50年代のオードリーというよりは、『いつも2人で』(67)の頃の彼女のファッションに近いかもしれない。映画の中のレナはプライベートではピンヒールを履いているが、『謎の鞄と女たち』のヒロイン、ビナとしては、彼女はオードリーのトレードマークであるフラット・シューズを履いている。

事実、アルモドバル監督はビナのキャラクターとして『ティファニーで朝食を』のホリー・ゴライトリーのような妖精的な女性をイメージしたらしい。そうすると、鏡の前での衣装合わせでのもうひとつのルックの謎が解けてくる。

「もっと大胆なことをしてみよう」と言って、マテオはレナにプラチナ・ブロンドのウィッグをつけさせる。衣装は胸を強調した黒のホルター・ネックのドレスである。さっきまで清楚なオードリー・ヘプバーンのように見えたレナが、今度はマリリン・モンローそっくりのセクシーな女に様変わりする。

オードリー・ヘプバーンとマリリン・モンロー。映画の黄金期を彩った、一見対照的なこのふたりの女優は「ホリー・ゴライトリー」というキーワードでつながっている。『ティファニーで朝食を』の原作者トルーマン・カポーティは当初、映画版でオードリーがホリーを演じることについて、快く思っていなかった。南部の片田舎で幼妻だった過去を捨てて、ニューヨークで綱渡りのような生活をおくるホリー・ゴライトリーにはむしろ、マリリン・モンローがふさわしいと思っていたのだ。トルーマン・カポーティは「うつくしい子供」というタイトルのエッセイで、マリリン・モンローの浮世離れした魅力、無防備で世間知らずの子供のような彼女のパーソナリティを賛美している。

オードリーとはまた違った意味で、マリリンもまた妖精のような女優である。レナの鏡の前でのオードリーからマリリンへの変容は、黄金期のハリウッドへの美しきオマージュであり、マテオトルーマン・カポーティがホリー・ゴライトリーを自分の夢の女として描いたように、マテオがレナを、そしてアルモドバルがペネロペ・クルスをそう見ていることとの投影なのだ。

お金で自由にすることのできる女から、一般人には手の届かない夢の女へ。そしてもっとリアルな永遠の恋人へ。マテオとランサロテ島へ逃げてきてからのレナは、素朴な仕立てのシャツ・ワンピースとカーディガンを身につける。ヴィットリオ・デ・シーカの『ふたりの女』（60）に出ていた時のソフィア・ローレン、あるいはマテオとレナがテレビで見ている『イタリア旅行』（53）の監督、ロベルト・ロッセリーニの『無防備都市』（45）におけるアンナ・マニャーニといったネオ・レアリズモ時代のイタリア映画のヒロインを思わせる、シンプルでリアルなスタイルだ。ペドロ・アルモドバルはファッションでペネロペ・クルスが演じるレナの上に憧れの女優たちの姿を描き、彼女たちの高みに女優ペネロペ・クルスを押し上げたのである。

オスカー・アイザックが着ていたコート――『アメリカン・ドリーマー』(15)

スティーヴン・スピルバーグの『レディ・プレイヤー1』(18)を見ていて、思わず劇場で前のめりになってしまったシーンがある。

アーネスト・クラインのSF小説『ゲームウォーズ』を原作とする『レディ・プレイヤー1』の舞台は「オアシス」というヴァーチャル世界に人々が熱狂する近未来である。「オアシス」では、その世界の創始者であるジェームズ・ハリデーの遺産を賭けた〝アノラック・ゲーム〟が開催されていて、そのゲームのプレイヤー〝ガンター〟たちは、ゲームの勝利の鍵となるアイテム〝イースター・エッグ〟を探しているという設定だった。物語の半分以上は「オアシス」内で展開されるので、まるでヴァーチャル・ゲームの主人公になったような気分が味わえる。でも、私が心惹かれたのは、その映像ではない。

ジェームズ・ハリデーは自分がこよなく愛する80年代のポップカルチャーを〝イースター・エッグ〟としてゲーム内に仕込んでいる。そのポップカルチャー・リファレンスを見つけていくのもこの映画を見る楽しみの一つではあるが、それでもない。

どうしてもゲームに勝って、ハリデーの遺産を手にいれたい大企業IOI社長のノーラン・ソレントが、ポップカルチャー対策のために雇ったオタクたちの集団「オーロジー事業部」のユニフォームにノック・アウトされてしまったのである。

ユニフォームといっても全員が同じ格好をしている訳ではない。しかし、彼らには規定のアイテムが支給されているのだろう。白いシャツにチャコール・ブラックかグレイのネクタイ。その上に合わせるカーディガン、Vネック・セーター、クルーネック・セーター、ジャケット。女性のボトムスはプリーツのミディ・スカート、ジャンパー・スカート、パンツから選べるようになっているらしい。それらのアイテムは全て、ライトグレイ、チャコール・グレイ、ペール・ブルー、スカイ・ブルーと色が決まっている。一つのパレットに収まるグラデーションで、どのように組み合わせても、統一感のあるスタイルになるようにできている。まるでトム・ブラウンで誂えたかのようなセンスの制服だ。思わずうなった。

この映画の衣装を担当したのがカシア・ワリッカ＝メイモンだと知って、納得した。クラシカルな雰囲気のスタイリングを手がける人で、制服やユニフォームがとりわけ上手い。ウェス・アンダーソンの『ムーンライズ・キングダム』(12)のボーイ・スカウトの衣装はメイモンの代表作だ。カーキ色や茶色のユニフォームに黄色のネッカチーフというスタンダードなデザインだが、シャツに付けるワッペンやバッジのパターンに捻りがあった。狂言回しを務めるボブ・バラバンの真っ赤なダッフル・コートと緑のニット帽、LLビーンズのボート・シューズや、ビル・マーレイのマドラス・チェックのアンサンブルも良かった。メイモンはウェス・アンダーソンの持つプレッピー・ファッション的な美学にぴったりな人材だ。

彼女は『カポーティ』(05)以降、ベネット・ミラーの映画の衣装を手がけているが、そのセンスが遺憾なく発揮されたのは『フォックスキャッチャー』(15)だろう。ネイビーの地に黄色でキツネのシンボルと*Foxcatcher*というチーム名が入っているレスリング・チームのジャージやTシャツ、タオルはセット販売して欲しいと思ったほどだ。

作品自体の出来はさほどでもなかったが、フィリップ・K・ディックの短編を基にした『アジャストメント』(11)の仕事も忘れがたい。世界の調和を保つために暗躍する「運命調整局」の〝天使〟たちと、彼らの筋書きに反して恋に落ちた男の戦いを描いたSF映画だが、その〝天使〟たちのユニフォームが50年代風のブルックス・ブラザーズのスーツとフェドラというのが、洒落ていた。テレンス・スタンプや『マッドメン』(07〜15)でお馴染みのジョン・スラッテリー、アンソニー・マッキーがこのスーツをエレガントに着こなしている。全員がまったく同じスーツを着ている訳ではなく、よく見るとフェドラの色やそこに巻かれているリボン、タイの色も微妙に違うし、上に羽織っているコートもダブルやシングル、トレンチとまちまちである。でもブルー・グレイの色を基調にすることによって、全員が同じ組織に属するメンバーのように見せている。ここは『レディ・プレイヤー1』のオーロジー事業部の制服と通じるところだ。

私がカシア・ワリッカ＝メイモンでベストだと思う仕事は、J・C・チャンダーの『アメリカン・ドリーマー』(15)だ。舞台は1981年のニューヨーク。オスカー・アイザック演じる主人公のアベル・モラレスは、若くして石油会社を立ち上げた実業家である。マフィアの力を借りたり、法律を破ったりすることなく、誠実に働いて会社を大きくしてきたという自負が彼にはある。ところが、競合する他社からの嫌がらせでたびたびタンク・ローリーを強奪され、更には警察から脱税と価格操作の疑いをかけられて、追い詰められていく。ビジネスで勝負に出て、頭金を払って石油ターミナルの購入にこぎつけたのはいいが、金策に困り、残金を払う目処がつかない。払えなかったら、会社をライバルに売却せざるをえなくなる。もはや絶体絶命の状態だ。

アベルの妻、アンナはやくざな方法でのし上がった男の娘なのだろう。アベルにも、盛んにそれを推奨する。恐らく、アベルはアンナと結婚することで、彼女の父親の地盤やビジネスを引き継いだのだろうが、理想主義者の彼とアンナの考えは相容れない。ジェシカ・チャステインは、まるでマクベス夫人のようにアンナを演じていた。アンナが着ている服は全て、80年代当時のアルマーニのヴィンテージだという。〝強い女〟チャスティンにぴったりのブランドだ。

中に着ているランジェリーさえ鋼鉄のように光るゴールド・イエローのサテンで、甘いところがない。

しかし、私が忘れられないのはアンナの服ではなく、アベルが着ているキャメルのコートの方だ。フラップ・ポケットの付いたダブルのポロ・コートで、彼はいつもスーツの上にこのコートを羽織っている。グレイのスーツの下に黒いタートルネックのセーター、キャメルのコートというスタイル。オスカー・アイザックは小柄でファッショナブルなタイプではないが、この映画のコート姿は鮮烈だった。

英国のポロ選手が着ているウェイト・コートをヒントに1910年にブルックス・ブラザーズが富裕層を狙って売り出したポロ・コートは、エスタブリッシュメントに憧れるコロンビアからの移民のアベルにとって、自分のイメージを形作る大事なアイテムなのだろう。カシア・ワリッカ＝メイモンは、カナダの新聞「グローブ・アンド・メール」のインタビューに、アベルのワードローブをどのように構築していったか答えている。上昇志向の強いアベルの服装には、カジュアルな雰囲気は一切ない。上品なスタイルを目指してはいるが、光沢のあるネクタイに成金趣味がにじむ。メイモンは1981年当時のチェルッティのスタイルを意識して、肩パッドのシルエットが印象的なスーツやコートを作っていったという。彼女は『レディ・プレイヤー1』のノーラン・ソレントが着ているスーツについてもチェルッティのシルエットを意識していると言っていた。このブランドは彼女にとって権力のシンボルなのだ。

『アメリカン・ドリーマー』のアベルのスーツとコートを仕立てたのは、有名なマーティン・グリーンフィールドだ。バラク・オバマやビル・クリントンといった元大統領から、ハリウッド・スターまで。ニューヨークのブルックリンにビスポーク・テーラー店を持つグリーンフィールドの顧客には、ビッグ・ネームが並ぶ。1920年代のアトランティック・シティを舞台にしたギャング・ドラマ『ボードウォーク・エンパイア』（10～14）の衣装も彼のテーラーが手がけている。

『アメリカン・ドリーマー』のアベルと同じように、マーティン・グリーンフィールドも無一文の移民から一代でキャリアの頂点を極めた立身出世の人である。チェコ・スロバキア出身のユダヤ人である彼は、10代の時に強制収容所に送られている。そこから生き延びて、19歳でニューヨークにやってきた。縫製工場の床掃除から始めて、裁縫を学び、一流のテーラーになった。あのキャメルのコートは、アメリカン・ドリームで仕立ててあるのだ。

だが『アメリカン・ドリーマー』で、まっすぐに道を歩んでアメリカン・ドリームを手にいれたと信じていたアベルは、自分の手がとっくの昔に汚れていたことを知る。彼の理想を信じて、結果的に押しつぶされた従業員のひとりの死で映画は幕を閉じる。その男が自分の頭を撃ち抜いた弾はタンクに穴を開け、そこから石油が溢れる。それはアベルの心臓のシンボルだ。真っ白なハートを開いてみたら、黒い血が流れ出した。それでも彼は、そのまま突き進んで生きていくしかない。アベルは妻の首からスカーフを抜き取り、どうにかタンクの穴を塞ごうとする。『アメリカン・ドリーマー』のオスカー・アイザックは本当に素晴らしい。あのラストは私が現役で一番好きな俳優の、一番の名シーンだが、その美しいキャメルのコートの袖口を黒い油で汚してくれるなとハラハラして、他のことが考えられなくなったことを告白しておきたい。

ファッション・ショーのために見る映画

この前、渋谷のシネマヴェーラで久しぶりに『肉体の学校』(65)を見た。三島由紀夫の小説を原作としたこの映画は、年上の女とゲイ・バーでバーテンを務める若い男の関係を描いている。成り上がるためなら、どんな女とも男とも寝るようなハングリーな男に翻弄されるヒロインを演じる岸田今日子がいい。この映画の監督の木下亮とは、主演ドラマの映画化作品『男嫌い』(64)でも組んでいる。お洒落な四人姉妹が辛辣なお喋りとロマンスに興じるこちらも〝和製セックス・アンド・ザ・シティ〟という趣でとても楽しかった。『肉体の学校』の岸田今日子はブティックを経営している元華族のデザイナーという設定で、ファッションが素敵だ。五連のパールのネックレスに黒のソワレ、毛皮のケープで登場するシーンから、その姿の良さに惚れ惚れする。彼女は山崎努が演じるバーテンを愛人にして囲い、周囲に甥と偽ってホテルで開催されるイヴ・サンローランのファッション・ショーに連れて行く。

優雅にクラシック音楽が流れるなか、フェザーの帽子や上品なコートをまとったモデルたちがランウェイを歩いていくこの場面を見るためだけでも、『肉体の学校』を再見する価値があった。私はファッション・ショーのシーンがある映画が大好きなのだ。

ちなみにこのショーでモデルたちが着ている服は本物のサン・ローランではなく、当時の花形デザイナーだった中村乃武夫のオリジナル。この映画の公開翌年には、日本人として初めてパリでファッション・ショーを開いている。

ファッション・ショーのシーンがある古い邦画といえば、野村芳太郎の『鑑賞用男性』(60)もいい。有馬稲子がファッション・デザイナーを演じる洒落たロマンティック・コメディだ。パリ帰りの彼女は男性も異性の目を意識してファッショナブルになるべきだと言って、広告会社のために奇抜な〝鑑賞用〟ユニフォームをデザインする。そのユニフォームに反抗して、ひとりで背広姿を貫く社員が杉浦直樹。もちろん有馬稲子と反目しながらも恋に落ちていく役どころ。この頃の彼は、和製ジャック・レモンと呼びたいほどキュートである。

『鑑賞用男性』の〝恋をするとお腹が空くファッション・デザイナー〟という有馬稲子の役の設定は、ヴィンセント・ミネリ監督の『バラの肌着』(57)を意識したものだろう。この映画でローレン・バコールが演じたデザイナーは、グレース・ケリーなどの衣装を手がけたヘレン・ローズを基にしている。もちろんこの映画のバコールのファッションも彼女の手によるものだ。ローズはオーガンジーを使った愛らしい衣装で知られている。フィルム・ノワールでは大人っぽいチェックのスーツ姿だったバコールが、『バラの肌着』ではオーガンジーのふんわりとした袖の付いたドレスを着ているのだから、面白い。この作品はヘレン・ローズのアイデアを映画化したもので、彼女は自分をモデルにした役にお気に入りの女優だったグレース・ケリーを考えていたらしい。『鑑賞用男性』もデザイナーの中林洋子のアイデアを基にしているので、『バラの肌着』の設定を借りたに違いない。『鑑賞用男性』のクライマックスは四谷迎賓館前での野外ファッション・ショー。後に小澤征爾と結婚する入江美樹や松田和子といった60年代の売れっ子のファッション・モデルが中林洋子デザインのドレスを着て野外のランウェイを歩いた。

有吉佐和子の『仮縫』を原作とする『華麗なる闘い』(69)のラストもファッション・ショーだ。オートクチュールを手がけるデザイナー松平ユキ(岸恵子)がパリに行って留守にしている間、内藤洋子演じるヒロイン清家隆子が彼女のブティックを乗っ取って成り上がろうとする。最後のファッション・ショーで披露される服が、まるっきりイヴ・サンローランのモンドリアン・ルックなのが微笑ましかった。松平ユキのアンニュイで皮肉屋の弟を演じる田村正和がグループ・サウンズの歌手のようなフリル・シャツを着ているのも、少女マンガっぽくて面白い。この役は是非、今のティモシー・シャラメに演じてもらいたい。主演はヘイリー・スタインフェルドで、先輩デザイナーはケイト・ブランシェットという完璧なハリウッド・リメイクの幻想が私の脳内にある。

映画のデザイナーは大体「パリ帰り」という設定だが、映画の中のファッション・ショーといえばフランスのものよりもハリウッド映画のものが思い浮かぶ。デザイナーが住む贅沢なアパートメントの大きなエレベーターが印象的だったミュージカルの『ロバータ』(35)。ポール・ニューマンとジョアン・ウッドワードの夫婦が共演したロマンティック・コメディの『パリが恋するとき』(63)。大衆的なデパートのバイヤーのヒロイン、サマンザ(ウッドワード)がデザインを盗みにいくオートクチュールのショーと、プレイボーイの記者スティーブ(ニューマン)が見に行くストリップ・ショーを分割画面で見せるシーンが洒落ている。モデルもストリップ嬢も似たガウンを着ているが、後者は途中でそれを脱いでみせるのだ。

ランウェイが設営されているような大がかりなファッション・ショーだけではなく、50年代のパリのオートクチュール・ブランドがやっていたような、ブティックでモデルが新作のドレスをお披露目するショーのシーンも楽しい。モデルたちが小さな番号札を持っていて、来ている客が欲しい品をチェックしてメモに番号を書き入れる、という即売会タイプのものだ。

ジーン・ネグレスコ監督の『百万長者と結婚する方法』(53)の三人娘、ローレン・バコール、マリリン・モンロー、ベティ・グレイブルはファッション・モデルという設定。バコールが袖にしたはずの青年、トニーが彼女たちの勤めるブティックのショーに来るシーンがある。モンローは「ダイアモンドは女性の一番の友だち」というキャッチフレーズのついた、ダイアモンドのブローチ付きの真っ赤な水着で登場し、ジャージー素材のレジャー用のコンビネゾンを着たベティ・グレイブルは、彼女が第二次世界大戦に従軍するＧＩたちのアイドルとなったきっかけのピンナップと同じポーズをとる。そしてバコールは日傘をさして上品なアフタヌーン・ティー・ドレスで現れる。しかし主演の三人が全員揃ってもショーのシーンは終わらず、モデルたちが華やかな衣装をまとって次々と現れ、ショーはその後も一分強続くのである。

『ミンクの手ざわり』(62)では、ケイリー・グラント演じるお金持ちのプレイボーイ、フィリップ・シェーンがお固い田舎娘のキャシー（ドリス・デイ）の心をつかむため、ノーマン・ノレルのブティックで彼女のためにショーを開いてもらう。ノーマン・ノレルは〝アメリカのバレンシアガ〟と呼ばれたエレガントなデザイナー。ショーには彼の代表作の一つ、女性の体にぴったりとフィットする真っ赤なビーズのマーメイド・ドレスも出てくる。ドリス・デイのヒロインが心を奪われたのは、ミンクの裏地と襟のついた贅沢なコート。このコートには更に色とりどりのサテンのオーバー・コートがセットになっていて、気分に合わせて色を取り替えることができる。彼女はコートを着て、その官能的な〝ミンクの手ざわり〟にうっとりとする。

映画の長々としたファッション・ショーのシーンは、１９３０年代のハリウッドが起源らしい。〝映画とファッション・ショー〟というキーワードでインターネット・サーチをすると、未見の30年代のハリウッドのロマンティック・コメディやミュージカルのタイトルが続々と出てきて、その全部を見たくなる。当時のアメリカは大恐慌時代だったが、こうした映画のファッションはデパートで買える既製服の宣伝やマーケティングを兼ねていたという。ハリウッドはデパートやシアーズのような通販カタログと組んで、映画女優たちの衣装に似たファッションを売り出した。

1930年代の映画のファッション・ショーで、最も有名なのはジョージ・キューカーの『女性たち／女たち』(39)に出てくるものだろう。タイトルの通り女性キャストしか出てこないこのモノクロ映画で、ファッション・ショーのシーンだけはテクニカラーなのだ。ショーの長さは六分にも及ぶ。

私はメレディス・アレクサンダーというデザイナー／ライターの書いた『*The it girl's guide to video*』という本で、『女性たち／女たち』について知った。アイザック・ミズラヒが「今を生きるモダン・ガールの必読本！」と推薦する、可愛らしくてユーモアに溢れたクラシック映画案内の本だ。『女性たち／女たち』の紹介文はこんな感じである。

世界中のゲイが大好きな映画。1930年代の女性たちがル・ポールよりも強烈だってことがよく分かる。彼女たちがネイリストに「ジャングル・レッドの色を塗って」とリクエストするのは「新しいゴシップを教えて」という意味。小気味が良くて、楽しくて、素敵な衣装が目白押し。ノーマ・シアラー、ロザリンド・ラッセル、ジョーン・クロフォードがもう最高！　有名ゴシップ・コラムニストのヘッダー・ホッパーのカメオ出演あり。（1956年のミュージカル・リメイク版『The Opposite Sex』もお忘れなく）

これを読んで即、輸入盤DVDを取り寄せた。

そういえば、アイザック・ミズラヒを題材としたドキュメンタリー映画『アンジップド』(96)がモノクロだったことを思い出した。リンダ・エヴァンジェリスタやナオミ・キャンベル、ケイト・モスといった90年代スーパー・モデルたちが登場するクライマックスのファッション・ショーのシーンだけカラーなのは、『女性たち／女たち』へのオマージュだったのだ。

ちなみに監督のジョージ・キューカーはこのファッション・ショーのシーンを気に入っていない。それどころか、この映画のエイドリアンの衣装はやり過ぎで醜悪だとさえ言っている。その〝やり過ぎ〟なところが、今の目から見るとシュールで、キッチュで、キャンプで楽しいのだが。

私はこの映画があまりに好き過ぎて、『女子とニューヨーク』（メディア総合研究所）という本で長々と解説を書いてしまった。

『*The it girl's guide to video*』は大好きな本で、ここに掲載されている映画は全部見たいと思っている。結構、マニアックな作品も揃っているのでまだ見られていないものが何本かあるのだ。邦画でこういうガイド本を作るなら、当然前出した『肉体の学校』『男嫌い』『鑑賞用男性』『華麗なる闘い』は入るだろうし、ファッション・ショーが出てくる映画として野添ひとみ主演の『白い悪魔』(58)や『セクシー・サイン　好き好き好き』(60)も取り上げたい。出てくるファッションのために映画を見る。それだって映画館に足を運んだり、クラシック映画を見るのにいい口実だと思うのだ。

ブログによって広がる「ささやかだけど豊かな小宇宙」
――『ジュリー&ジュリア』(09)

『ジュリー&ジュリア』は料理がもたらす幸せについて描いた映画であるのと同時に、ブログを綴ることによって人生を変えた女性の物語でもある。インターネットの登場以来、映画には様々な形でブログやその作者であるブロガーが登場したが、実際に「ブログをやること」のインパクトをこんな風に描いた作品はなかった。それもそのはず『ジュリー&ジュリア』は映画史上初の「ブログを原作とした映画」なのである。

2002年。『ジュリー&ジュリア』の原作者であるジュリー・パウエルはジュリア・チャイルドの料理本に載っている524のレシピを一年で全て作るという試みをブログで公開して話題になった。それを読んだ人々がクィーンズの小さなキッチンでジュリアが経験する驚きや失敗、ささやかな成功に共感して、彼女の「ジュリー/ジュリア・プロジェクト」は人気ブログとなった。

しかし、ブログを始めた当初はジュリー自身もブログというものに対して懐疑的だった。有名な作家でも料理家でもない自分の文章なんて、誰が読むのだろう？　やがてコメントがつくようになって、ジュリーは初めて人から「読まれている」という手応えをつかむ。読者が増えて有頂天になり、彼らの反応に一喜一憂し、自分のプロジェクトに責任を感じて、時にプレッシャーに押しつぶされそうになる。企画をやり遂げることができずに挫折してしまったら、あるいはブログを中断してしまうようなことがあったらどうしよう？　それが原因で優しい夫と深刻な喧嘩までする。企業からお金を貰っている訳でもない、たかが個人がやっているブログに過ぎないのに！　ここまでくると、ちょっとしたインターネット中毒である。

でも、私にはジュリーの気持ちがよく分かる。自分がテキスト・サイトを始めた時の頃を思い出して、ジュリーの喜びや動揺にシンクロして涙が出そうになった。

私が自分のサイトを始めたのは１９９８年。ホームページ作成のためのソフトが充実してきてホームページを作ることが容易になり「自分の好きなこと」をテーマにした女性のサイトがチラホラ出始めた頃だった。真っ白なノートを貰ったような、自分が好きにアレンジできる小部屋を持ったようなときめきを覚えている。そしてそんな小部屋のようなサイトはより大きな世界へ、見知らぬ人々へとつながっていた。それも、とびきり親密な形で。ウェブブログの登場でインターネットに文章を書くことは更に身近になり、多くの女性たちが自分の「ささやかだけど豊かな小宇宙」を開示する機会を持った。そんな中でもジュリー・パウエルは文才があったのだろう。彼女のブログは書籍になってヒットし、こうして映画になった。しかし、その成功部分だけが映画で描かれるブログの喜びではない。誰にも知られるはずがなかった個人的な挑戦が、ブログで共感者を得ることによって「何かを成し遂げようとしてあがいている30代前後の女性」の普遍的な物語へと高まっていく、その様子こそが感動的なのだ。

映画の冒頭、ジュリーは不動産やマスコミの仕事で成功している同年代の友だちを見てため息をつく。しかし、私たちは既に2008年のリーマン・ショックが引き起こした不況のせいで、こうしたマンハッタン的な成功物語の神話が劇中の遠くない未来に崩れ去るのを知っている。ジュリーがブログを始めたのは、ニューヨークの人々が新しい生き方を模索し始めた頃だった。ジュリーはファッショナブルではないクィーンズに不平たらたらだけど、彼女とその夫エリックの暮らしにはお金とは無関係の、地に足の着いた豊かさがある。料理と共に、古い物を寄せ集めたようなインテリアや友だちを招いての小規模なパーティといったディテールが魅力的だ。食べること、身近なことに目を向けること。そんな生きる喜びに根ざした、新しいニューヨークの女性たちのライフ・スタイルがここにある。

イースト・ヴィレッジでエリナ・リグビーを探す
――『ラブストーリーズ　コナーの涙』(13)『ラブストーリーズ　エリナーの愛情』(14)

『ラブストーリーズ　コナーの涙』(以下『コナーの涙』)、『ラブストーリーズ　エリナーの愛情』(以下『エリナーの愛情』)は二本の不思議な作品である。愛し合っていたはずの男女がとある悲劇をきっかけとして行き違い、お互いを求めながらもすれ違っていく様子を、男女双方の視点から二つの映画に分けて描くという野心的な手法を取っている。

ビートルズの曲と同じ「エリナ・リグビー」という名前を持つヒロインのエリナーの視点による『エリナーの愛情』と、その夫コナーの側から見た『コナーの涙』は同時期のふたりのそれぞれの生活を追っているが、趣は違う。『エリナーの愛情』と『コナーの涙』、どちらを先に見るかで『ラブストーリーズ』の印象は大きく違ってくるだろう。

『エリナーの愛情』も『コナーの涙』も物語の背景となる情報は極端に少ない。うっかりすると劇中のふたりと同じく、見る者もエリナーとコナーの間にあるはずのつながりを見失いそうになる。でも丁寧にシーンを見ていくと、ふたりの絆を示す符号が双方の物語に隠されていることとに気がつく。

例えば、壁に飾られているポスターだ。

エリナーは自殺を図った後、入院を経てコネチカット州のウェストポートにある実家に戻ってくる。エリナーとコナーが住んでいたマンハッタンから電車で約一時間の距離にある街で、エリナーの父はここからメトロノースという郊外列車に乗って、マンハッタンのダウンタウンに通勤しているという設定だ。郊外の広い一軒家であるエリナーの実家の内装は趣味が良く、彼女が経済的にも文化的にも恵まれたバックボーンの持ち主であることが分かる。

普通、アメリカ映画のヒロインの実家の部屋といえば、高校時代のままで当時好きだったロック・バンドやアイドルのポスターがベタベタ貼られているものだが、エリナーの部屋はすっきりしている。クロード・ルルーシュ監督のフランス映画『男と女』(66)の英語版のポスターが額装して壁に飾られている。もうひとつ、目に付くのが「*Ten Great Years*」という文字が添えられたイラストのポスターで、五列に渡って様々な服装の四人組が描かれている。これはイラストレーターのマクシム・ダルトンの手による有名な作品だ。ビートルズの四人の服装の推移をそのまま並べることによって、彼らのキャリアを振り返るという趣向のポスターである。マクシム・ダルトンは最近出版されたウェス・アンダーソン監督の大型本のビジュアルを手がけているので、画風に見覚えがある映画ファンもいるかもしれない。

一方、エリナーがかつてコナーと暮らし、彼がひとりで取り残されたアパートの壁には、もっと分かりやすくビートルズの「リボルバー」のジャケット写真を拡大したものが飾ってある。このアルバムのA面の二曲目に入っているのが「エリナ・リグビー」だ。「エリナ・リグビー」はこの映画の原題でもある。更に別の壁に目を移すと、ジャン・リュック・ゴダール監督の『男性／女性』(66)をイメージしたイラストのポスターが見える。ビートルズ、そして男と女という主題がふたりの部屋に飾られた四枚のポスターというイメージを借りて繰り返されているのだ。

エリナーもコナーも（ビートルズの曲名でもある）「エリナ・リグビー」という女性を探している。エリナーにとってそれは失われた自分自身であり、コナーにとっては自分のもとを去った妻である。男は関係の修復という形で再生を求め、女はひとりになり内省することで同じことを望んでいる。共にエリナ・リグビーを求めながら、男性と女性でまったくアプローチが違うために、ふたりはなかなか邂逅を果たすことができない。

しかし、実際にはエリナーとコナーの距離は手遅れになるほどには隔たってはいない。そう思わせるのは、ふたりが拠点とし、すれ違うのがマンハッタンのダウンタウン、イースト・ヴィレッジという空間に限定されているためだ。ふたりがかつて暮らしたアパートも、コナーが経営するレストランもここにある。

エリナーはクーパー・ユニオン大学の聴講生として実家から再びヴィレッジに通うようになる。ダウンタウンで通学中らしきエリナーの目撃情報を得て、コナーがすぐに学校を突き止めたのも無理はない。この界隈にキャンパスを持つ大学といえば、コナーが口にしたニューヨーク大学とニュー・スクール、クーパー・ユニオンの三校に絞られる。彼女が目撃されたアスター・プレイスの駅は、クーパー・ユニオンの最寄りである。エリナーがいると聞かされてコナーが駆け込んだ半地下のカフェ・レストラン、*The Smile* はクーパー・ユニオンのキャンパスがあるクーパー・スクエアを（地図でいうと）三ブロック下ってボンド・ストリートを左折した先にある。監督のネッド・ベンソンはニューヨーク育ちだけあって、この距離感はリアルで確かだ。

クーパー・スクエアをそのまま下っていくと通りの名前はバワリーになる。『エリナーの愛情』の冒頭、エリナーは自転車を飛ばしてマンハッタン橋に行き、イースト・リバーに身を投げて自殺しようとする。彼女はヴィレッジから自転車でこのバワリーを下って、キャナル・ストリートを越えたところでマンハッタン橋に入ったのだろう。その距離から彼女の決意の固さと絶望が見て取れる。

だけど、そんな悲しい場所だったイースト・ヴィレッジにエリナーは戻ってくる。一度はコネチカットに引き返し、更に遠い場所に行ってしまっても、彼女はここに引き戻される。そしてコナーはどんな困難があってもヴィレッジを離れない。ふたりの拠り所がイースト・ヴィレッジにある限り、男と女の心が同じ場所で重なる、めぐり逢いの奇跡はまだ信じてもいいのだ。

映画愛に溢れたニューヨークのファンタジー――『マイ・ファニー・レディ』(14)

新人女優のイジーことイザベラは、ジャーナリストの質問に答え、生き生きと自分のデビューのきっかけについて話し始める。しかし、彼女の語り口は一筋縄ではいかない。イジーが最初に話すのは、子供の頃にケーブルテレビで見た黄金期のハリウッド映画のことだ。フレッド・アステアとジンジャー・ロジャースのミュージカル。ハンフリー・ボガードとローレン・バコール主演のハードボイルド。そしてオードリー・ヘプバーンが演じるロマンティック・コメディのヒロイン。更にラナ・ターナーのデビュー秘話の伝説をイジーが夢見がちに口にするに及んで、ジャーナリスト同様、観客もある事実に気がつく。イジーの物語は真実ではなく、彼女が夢見る映画の世界観で上書きされたファンタジーなのだ。

『マイ・ファニー・レディ』はニューヨークを舞台にした不思議なおとぎ話だ。イジーを取り巻く世界は夢と現実がごちゃ混ぜになっている。自分の物語を演出するために、イジーが選んだのはどうやら30年代~40年代のハリウッドのスクリューボール・コメディの世界観のようだ。劇中でプロデューサーのアーノルドが口にする「クルミをリスに」も、洗練されたスクリューボール・コメディを数多く撮ったエルンスト・ルビッチの遺作『小間使』（46）からの引用である。常識はずれの登場人物たちが突拍子もない行動を繰り広げるスクリューボール・コメディをこよなく愛する、映画マニアのピーター・ボグダノヴィッチらしい仕掛けだ。ホテルの部屋の取り違い、レストランでの鉢合わせ、女性が容赦なく男性を殴るシーン、妖精のように天真爛漫なせいで騒ぎを巻き起こすヒロイン。ルビッチやハワード・ホークス、プレストン・スタージェスといったスクリューボール・コメディの名匠の作品へのオマージュが随所に見られる。

ボグダノヴィッチが映画を通して、この時代のコメディへの愛を表明するのはこれが初めてではない。『おかしなおかしな大追跡』（72）ではサンフランシスコのホテルを舞台に、おっとりとしたライアン・オニールとはちゃめちゃなバーブラ・ストライサンドがまるで『赤ちゃん教育』（38）のケイリー・グラントとキャサリン・ヘプバーンのような騒動を繰り広げた。『マイ・ファニー・レディ』でキャスリン・ハーンが演じたアーノルドの妻、デルタは最初、ジェニファー・アニストンに依頼された役だという話だが、ハーンもアニストンもどこかバーブラ・ストライサンドのコメディエンヌぶりを思わせるところがあり、監督の好みがよく分かる。

そして監督の好みといえば、イジーを演じるイモジェン・プーツである。監督の出世作『ラスト・ショー』（71）に主演して、初代ボグダノヴィッチのミューズ（創造の女神）となったシビル・シェパードが母親役を演じているところからも、ボグダノヴィッチがイジーというヒロイン像に、そしてそれを演じるイモジェン・プーツという女優に特別な想いを抱いていることがよく分かる。プロデューサーのアーノルドと会った時、イジーはエスコート嬢だったが、ジャーナリストに自分は「ミューズ」だったと言い張る。インスピレーションを失った芸術家やその他のプロフェッショナルを触発するのが仕事だったというのだ。

この言い訳は、『マイ・ファニー・レディ』と同じくニューヨークを舞台にした『ティファニーで朝食を』(61)を巡る逸話を思い起こさせる。トルーマン・カポーティが書いた原作では、ヒロインのホリー・ゴライトリーは「新人女優」という触れ込みだが、実のところはコール・ガールであったとほのめかされている。しかし映画でホリーを演じることになったオードリー・ヘプバーンは娼婦を演じて自分のイメージが汚れるのを嫌がり、ホリーの職業を曖昧にしてしまった。これによってホリーは何で生計を立てているのか分からない「都会の妖精」になったのだ。『マイ・ファニー・レディ』のイジーは、言ってみれば、オードリーのホリーの真の姿なのである。イジーが想いを込めてオードリーの言葉を口にすることからもそれは明らかだ。『ニューヨークの恋人たち』(81)でオードリー・ヘプバーンを主演に迎えたボグダノヴィッチは、イモジェン・プーツを彼女になぞらえたのである。

そしてイジーの造形にはもうひとり、ボグダノヴィッチのミューズの姿が見え隠れする。

『ニューヨークの恋人たち』で彼が抜擢した元プレイメイトのドロシー・ストラットンだ。ボグダノヴィッチの公私にわたるパートナーとなった矢先、彼女は嫉妬に狂った元恋人に殺されてしまった。

危険な過去を持つ金髪の新人女優。だけど、イジーの物語はドロシー・ストラットンのように悲劇で終わったりしない。ラスト、映画好きの少女なら誰もが憧れるようなあの有名監督の手を取って、彼女は『リオ・ブラボー』(59)を見に行く。それが、不幸な現実にボグダノヴィッチが上書きした夢の物語だったのだ。それは、儚い映画の夢でしかないのかもしれない。しかし人はスクリーンを見ている時は辛く悲しい現実を忘れたいものだ。それこそがアメリカを襲った大不況時代にスクリューボール・コメディが作られた、何よりの理由だったのだから。

映画の中に残されたブルックリンの奇跡――『スモーク』(95)

薄闇に包まれて青く煙るマンハッタンを背にして、トンネルから上がってきた地下鉄がイースト川を横断してブルックリンへと渡ろうとしている。このファースト・ショットに出てくる地下鉄は、マンハッタンの57丁目から南下し、ブルックリンの海辺の遊園地コニー・アイランドまで行くQ線だろうか。そう考えられるのは、この路線の駅にプロスペクト・パークがあるからだ。この公園の西側にある地下鉄の出口をのぼるとすぐそばにあるのが、ハーヴェイ・カイテル演じるオーギーが店長の煙草屋、*Brooklyn Cigar Co.*だ。映画の冒頭で観客は華やかなマンハッタンを離れて、小さな煙草屋から西に広がるパーク・スロープ地区の世界へと入っていく。

煙草屋の住所は211プロスペクト・パーク・ウェスト。ガラス・ケースには外国製の高級葉巻の木箱が並び、カウンターの奥には煙草の葉を入れたガラス瓶を置いた棚もあるが、基本的には地元の人が気軽に愛用の煙草を一箱買いに来て、常連客とニューヨーク・ヤンキーズの試合について立ち話をしていくような気さくな店だ。

煙草の広告の古い看板や先住民族の人形、客のポラロイドが飾られた狭い店内には、スナック菓子やスポーツ雑誌、扇情的な表紙のペーパーバック、ミネラル・ウォーターも置かれている。雑貨店も兼ねているのだろう。あまりに自然な佇まいに、実在の店をロケーションで借りたのかと勘違いしてしまいそうになるが、実はこの住所、映画を撮影する前は郵便局だったそうだ。近所の人の交流場となっているこの小さな店が愛おしく見えるのは、この映画が公開された頃には、作家ポール・オースターの描く下町としてのブルックリンがもう消えゆく運命にあったせいなのかもしれない。

映画の舞台は1990年。マンハッタンから溢れたお金持ちやヒップスターが来る前、不動産屋が古いブラウンストーンの住宅の値を釣り上げる前は、パーク・スロープはこんないないない地区だったのだろうか。私が初めて訪れた2000年代半ばには、小綺麗な店が並ぶ街になっていた。

作家のポール・ベンジャミンが黒人少年トーマスと出会う通りは、パーク・スロープの目抜きである5番街だろう。トーマスはラシードと名を偽り、WASPの住むアッパー・イーストの住所を告げ、名門トリニティ高校の生徒だと名乗る。実際の彼はブルックリンの貧困層のための公営団地（プロジェクト）の出身だ。とある事情で家出してきたトーマスにどうして逃げ場所としてこんな近所を選んだのかとポールが聞くと、「ここは白人の世界だから」と彼は答える。

パーク・スロープはこの後、お金持ちの白人が流れ込んで更に高級住宅地化していくが、それでも90年代にはまだ、それぞれ黒人と白人で出会うはずのない世界に所属しているふたりが交錯する場があったのだ。今、アメリカでは階級の分断化が進み、ブルックリンでも貧しい人々や移民が追い出されて、人々が他者と出会う場所がどんどん奪われている。煙草屋という小さな世界を拠点に、妻と子供を失った白人男と、母を亡くし、蒸発した父を追い求める黒人の少年が疑似家族的な関係になっていく。それはこの時代のブルックリンにおいては小さな奇跡なのかもしれないが、今となっては宝石のように貴重な物語でもあるのだ。

家族の崩壊と新たな関係の構築は、『スモーク』の裏テーマだろう。オーギーにもまた、壊れた家庭がある。彼が昔の恋人とふたりの間の娘だというフェリシティ（若き日のアシュレー・ジャッド！）を訪ねて行くのは、街並みと高架を走る地下鉄からして恐らくブルックリンの倉庫街ブシュウィックだ。ここも今、再開発が進んで、この映画で見られるような荒んだ風景は消滅しかかっている。オーギーがラスト、ポールに語る物語の舞台ボーラム・ヒルの公営団地もそうだ。彼が盲目の老女と出会った場所もいつまでそこにあるか分からない。だからこそ、オーギーのこのクリスマス・ストーリーは胸を打つ。

毎日オーギーが撮る街角の写真の中に、ポールが自分の妻を見つけたような奇跡。平凡な世界の片隅にある福音。その一瞬をとらえるために、オーギーがクリスマス・ストーリーのエピソードで手にいれたカメラがキヤノンAE-1だという事実もぐっとくる。オートフォーカス搭載により、それまでニコンの牙城と思われていた一眼レフカメラの世界でキヤノンが躍進を遂げたこのカメラが発売されたのは、このクリスマス・ストーリーの舞台である1976年なのだ。

ほぼ全編ブルックリンでロケしていて、90年代のこの街の景色が楽しめる『スモーク』だが、なぜかラスト、オーギーとポールが語らう総菜屋の「バーニー・グリーングラス」はマンハッタンのセントラル・パークの西側、アッパー・ウェストにある。1908年創業のこの店の雰囲気がブルックリンの下町に見えないこともないという理由でロケ場所に選ばれたのかもしれないが、オーギーが特別な話をするためにポールとわざわざQ線に乗り、ヘラルド・スクエアで1線に乗り換えて86丁目の駅で降りてここに来たと妄想した方が、私は楽しい。

ニューヨークと自然史博物館とデヴィッド・ボウイ

――『ワンダーストラック』(17)

ニューヨークのマンハッタンの南から北へ。耳が聞こえない少女と少年がそれぞれ、旅をしている。少年の方は最近、事故で聴力を失ったばかりだ。ふたりの目の前にはモノクロの優美な1927年のマンハッタンと、カラフルで猥雑な1977年のマンハッタンが音もなく広がっている。

少女ローズはマンハッタン島から見てハドソン川を挟んだ対岸にある、ニュージャージー州のホーボーケンからフェリーに乗ってここに逃げてきた。マンハッタンにはいくつかフェリー乗り場があるが、彼女が着いたのは恐らく、タイムズ・スクエアからそう遠くない西39丁目(ストリート)の埠頭だ。一方、ミシガン州から家出してきた少年ベンは42丁目(ストリート)8番街(アベニュー)にあるポート・オーソリティ・バス・ターミナルに降り立つ。マンハッタンの地図は碁盤の目になっている。横の線がストリートで、縦の線がアベニュー。だから、自分の行きたい場所のストリートとアベニューの番号を把握していれば、子供でも迷子になることはない。ローズは西41丁目から広がる劇場街を、ベンは西81丁目にある古書店を目指して、ただ愚直に北へと北へと進んでいけばいい。

しかし、ふたりが目指した住所では、それぞれ求めるものを見つけられなかった。ローズは劇場街から更にコロンバス・アベニューに出て、今度はセントラル・パークの西側を歩いていく。一方、西81丁目でプエルトリコ系の少年ジェイミーに声をかけられたベンは、彼を追いかけてアベニューを一つ渡ってセントラル・パーク側に出る。

ローズとベンがたどり着くのは、アメリカ自然史博物館だ。アフリカ、アジア、北アメリカの動物たちの生態を紹介するジオラマや、美しい鉱物、シロナガスクジラの大きな模型、巨大な恐竜たちの骨格標本で知られるこの博物館は、子供にとって楽園のような場所である。こうした博物館の原点は、個人が収集した剥製や鉱物を棚に並べて飾る博物陳列室、ワンダーストラック＝驚異の部屋にあるという。動物や宇宙が好きなベンの部屋も、紙細工でパノラマを作るのを趣味としているローズの部屋も、小さなワンダーストラックだった。ふたりが好奇心に彩られた大きなワンダーストラックである自然史博物館に引き寄せられたのも、運命なのかもしれない。

博物館の職員の子供であるジェイミーはこの博物館に素敵な隠れ場所を持っていて、ベンを匿ってくれる。『ワンダーストラック』と同じくブライアン・セルズニックのイラスト・ノヴェルを原作に持つ『ヒューゴの不思議な発明』(11)では、主人公のヒューゴはパリにあるモンパルナス駅の時計の裏側に隠れて住んでいた。都会にこんな隠れ場所を持つことは、子供の憧れだ。博物館や美しい駅舎に夜、こっそり忍び込んで過ごすことを夢見た人も少なくないだろう。自然史博物館からセントラル・パークを挟んで反対の東側にあるメトロポリタン美術館を舞台にした児童小説『クローディアの秘密』を思い出す。家出した姉と弟はこの美術館に隠れる。ウェス・アンダーソンの『ザ・ロイヤル・テネンバウムズ』(02)で子供時代のマーゴとリッチーが家出場所にメトロポリタン美術館を選ぶのは、この小説へのオマージュである。冷たく見えるニューヨークの街は、実は居場所のない子供たちを匿う場所を秘めたワンダーストラックなのだ。

実際、自然史博物館にはスリープオーバー・ツアーがある。ジオラマのある部屋に簡易ベッドを並べ、子供たちは『ワンダーストラック』のベンとジェイミーと同じように博物館で夜を過ごす。このお泊まりツアーの人気に拍車をかけたのが、ベン・スティラー主演の映画『ナイトミュージアム』(06)の存在だ。この映画で博物館の警備員を演じたスティラーはニューヨークのアッパー・ウェストの出身なので、自然史博物館は幼少期の思い出深い場所のはずだ。同じくニューヨーク出身の映画監督のノア・バームバックの『イカとクジラ』(05)にも、家族が幸せだった時代の象徴として自然史博物館が出てくる。

ベン・スティラーは自身の監督／主演作『*LIFE!*』⒀の重要なシーンでデヴィッド・ボウイの「スペイス・オディティ」を使用した。そのスティラーを主演に迎えたバームバック監督の『ヤング・アダルト・ニューヨーク』⒂のラストには、ボウイの「ゴールデン・イヤーズ」が流れる。自然史博物館を愛する映画作家たちは、デヴィッド・ボウイのファンでもある。ニューヨークと自然史博物館とデヴィッド・ボウイの幸せな相関関係だ。『ワンダーストラック』にボウイの「スペイス・オディティ」が使われているのは、偶然ではないのだ。更に言うと1965年生まれのベン・スティラーは1977年には12歳で、『ワンダーストラック』のベンと同い年である。

ニューヨークの歴史的な夜を舞台にした『ワンダーストラック』のラストには、やはりベンと同世代の小学生たちが歌うラングレイ・スクールズ・ミュージック・プロジェクトの「スペイス・オディティ」が流れる。無垢な子供時代の輝きを閉じ込めたワンダーストラックのようなこの映画に、ふさわしいバージョンだ。

丸の内と若尾文子が輝いていた時代のコメディ――『最高殊勲夫人』(59)

ニューヨークやパリを舞台にしたロマンティック・コメディを見て、どうして東京ではこういう映画が作られないのだろうかと長い間、不思議に思っていました。それも、名画座で50年代や60年代の古い邦画を見るようになる前の話です。

どういう訳か古い映画ならば、都会に出てきて奮闘している女の子を主人公にした私好みの映画も、素敵なロマコメも見つかる。ヒロインたちが歩く東京の距離感もリアルに感じる。私が今の日本映画にそういう東京の街との強いつながりを感じないのはなぜなのか、個人的に掘り下げてみる必要はありそうですが、ここで言いたいのは、とびきりの美男美女が出てくる古い邦画を是非とも見て欲しいということです。今も美しい若尾文子は、若い頃は大変に官能的な女優で様々な映画に出ていますが、私がお勧めしたいのは、彼女の明るい面が楽しめるコメディ映画です。

増村保造監督の『最高殊勲夫人』は、三原家の長男と次男が野々宮家の長女と次女と結婚したことから、この際、残っている三男と三女もくっつけてしまえばいいのではないかと両家が策略を練るというコメディ。ヒロインの野々宮家の三女が若尾文子です。彼女は川口浩が演じる三原家の三男と結託して、お互いに恋はしないと誓うのですが……。プロットも洒落ていますが、丸の内でビジネス・ガールとして働く若尾文子がとにかく生き生きしていて、可愛らしい。会社の同僚男子たちに奢ってもらって、とんかつを食べる姿に惚れ惚れします。

そして若尾ちゃんと同じくらい、丸の内の街が輝いています。高度成長期の銀座や東京駅付近は、どうしてこんなにキラキラして見えるのでしょう。野々村家の父が勤めている新橋の会社では、女子社員たちがお昼に社内に七輪を持ち込んでメザシを焼きながら「丸の内の女の子たちは丸ビル名店街でお昼を食べるのよ」とうらやましそうに言っていましたが、確かにこの映画に出てくる丸の内のビルの地下街の食堂はおいしそう。習い事の話をしたり、会社帰りに映画を見に行く相談をしているビジネス・ガールたちを見ると、この頃の東京で働いて生きていくって、本当に楽しそうだなあと思ってしまうのです。

女の子たちがお昼休みに会社の屋上で、お堀を見下ろしながら恋の相談をしているシーンがあるような、他愛ない古い邦画が私は大好きです。今の東京を舞台にして『最高殊勲夫人』みたいなロマンティック・コメディがもっともっと作られればいいいと思います。

東京女子が素敵な映画

東京で、様々な悲しみや喜びを経験しながら、女の子がひとりで凛々しく生きていく。私はそんな映画が大好きです。東京という街を強く感じさせるロケーションと物語が絡み合うシーンがありさえすれば、それだけで映画を愛してしまう。ヒロインと同じ場所に立ち、同じ風景を見たいと思って、ロケ地巡りすることもたびたびあります。

古い邦画を好きになって、街に対する感覚も変わってきました。特に銀座は、映画で最も輝く街の一つです。銀座の裏通りに小さなバーがひしめく様子は、小津安二郎の映画にもよく出てきます。成瀬巳喜男の傑作『女が階段を上る時』(60)では、銀座の小さなビルの二階にあるバーの雇われマダムを高峰秀子が演じていました。彼女が代金の取り立てに、丸の内や新橋の常連たちを訪ね歩くシーンの哀愁は忘れられません。辛い目に遭いながらも、きりりと着物姿で歩く高峰秀子の姿が素晴らしいのです。

更にハードボイルドな銀座が見たかったら、鈴木英夫監督の『その場所に女ありて』(62)をお勧めします。司葉子が広告業界の営業ウーマンを演じるこの映画はさしずめ和製『マッドメン』(07〜15)。ノーカラーのジャケットとペンシル・スカートのスーツに身を包み、優雅に煙草を吸って勝負する司葉子。彼女が晴海通りの交差点を颯爽と歩くオープニングから、胸が躍ります。自立したヒロインが辛い目に遭うという意味では成瀬映画の高峰秀子との共通点も。でも「私は働かなくちゃいけないし、生きていかなくちゃいけない」と言って、仕事上でも私生活でも自分を裏切った宝田明に「街で偶然会ったらお酒でも飲みましょう。笑い話にしてもいいわ」と気丈な優しさを見せる司葉子に、私は美しくて強い東京の女性を見るのです。

同じ銀座のヒロインでも、もっと男に弱いのが『河口』(61)の岡田茉莉子です。実家を支えるために政治家の愛妾になったヒロインが、その政治家の相談役に勧められて銀座の画廊主になるという話ですが、計算高いのか愚かなのか分からない岡田茉莉子と、画廊経営に前のめりな相談役山村聡の掛け合いが最高です。銀座に行くたび、この映画で岡田茉莉子が画廊経営の資金のために転がした男たちとみゆき通りで追いかけっこするシーンを思い出します。森英恵が担当したヒロインのファッションも見所の一つで、上野の国立西洋美術館の前で彼女が山村聡と語り合うシーンで着ている「格闘するバッファロー」柄のドレスと、ル・コルビジェの建築のマッチングが面白い。

大島渚の『新宿泥棒日記』(69)は、新宿紀伊国屋書店を中心に物語が展開するのですが、この書店の使い方がとにかくヒップです。若き日の横尾忠則と横山リエが本棚から本を引き抜くと、その本の著者による朗読が響く真夜中の書店シーンは、ゴダールも真っ青のお洒落さ。

本が好きなヒロインといえば、台湾の監督侯孝賢が日本で撮った『珈琲時光』(03)の一青窈もそう。荒川線沿いに住むヒロインが市電に乗って早稲田駅まで出て、更に電車を乗り継いで神保町に出る様子がくわしく描かれていました。この作品の一青窈は、シングル・マザーとして生きていこうとする女の子。頼りない文化系女子に見えて、やはり凛々しい東京の女性です。神保町の喫茶店「エリカ」や高円寺の古本屋など、私がよく知っているスポットが美しく撮られています。有楽町駅の近くにあった小さな古い喫茶店「ももや」は、再開発のためビルが取り壊されてしまったので、もうこの映画の中でしか見られません。こんな風に、今はなくなってしまった東京の風景を見ることも、邦画の醍醐味の一つです。

神保町は撮影に寛大なのか、よく映画のロケーションで使われます。古書店が通りに並ぶレトロな雰囲気も、絵になるのでしょう。私が大好きなレトロ喫茶「さぼうる」も竹中直人監督の『東京日和』(97)で登場。荒木経惟とその妻陽子さんのふたりによる私小説を基にしたこの映画、東京ステーション・ホテルの使い方も素敵でした。中山美穂がホテルの窓から、東京駅の丸の内南口の構内にいる夫に向かって手を振るシーン、リニューアルしたステーション・ホテルに泊まった時につい真似したくなりました。

名画座日記

2009年12月11日　和製マッドメン案

この間、神保町シアターで田宮二郎の映画を見てきた。『勝負は夜つけろ』（64）と『「女の小箱」より夫は見た』（64）である。

どちらも面白かったけれど、特に『勝負は夜つけろ』は好みだった。スタイリッシュな画の連打だ。田宮二郎演じる杖をついた義足のハード・ボイルド・ヒーローに、倒錯的な魅力があってしびれた。登場人物のひとりが殺されるシーンになぜか「エラリー・クイーンズ・マガジン」とポケミス本が散らばっていて、思わず身を乗り出したが書名の方は確認できなかった。分かったのは『ブラウン神父の醜聞』くらいだ。

今はなき千石の三百人劇場で『女の勲章』（61）を見て以来、私は田宮二郎の大ファンなのだ。八角メガネがあんなに似合うのはあの映画の田宮二郎と『トーマの心臓』のサイフリートだけ。

もし日本で『マッドメン』（07〜15）をやるとしたら、ドン・ドレイパーをやるのは設定年代と同じ時期にスターだった田宮二郎しか考えられない。

「……さん、アナタの言う恋愛なんてものは、私のような広告屋が作り出した幻想なんですヨ」

ああ、今、バーチャルではっきりと田宮二郎の声でドレイパーの台詞が聞こえた！

そうなるとロジャー・スターリングは森雅之、彼と不倫関係のセクシー・ダイナマイトのジョーン・ホールウェイは若尾文子、親のコネで会社に入ってきた野心家のピート・キャンベルは、オリジナルよりもやや正義感の強い設定にして川口浩、彼と関係を持つドレイパーの秘書ペギーは野添ひとみ、ドレイパーの妻でクール・ビューティのベティには岸恵子、クライアントの娘でドレイパーと不倫関係になるレイチェルは顔が似ているから江波京子…大映映画だけでキャストが揃う。『マッドメン』は大映の永田社長がいかにも好きそうな話だし。ロバート・モース演じる社長の役だけ、東宝から特別出演で森繁久彌を借りてくればいい。大映版のタイトルはもちろん『黒の虚業』…ダメだ、あまりにナチュラルにはまりすぎてパロディにすらならない！

2010年1月7日『花つみ日記』(39)

今年の名画座初めは、神保町シアターの高峰秀子特集の『花つみ日記』。

これは本当に本当に素敵な映画だった。

もう、女生徒たちが校庭で「お掃除ダンス」を踊る冒頭で涙が出てしまった。少女たちの華奢な足先と校庭に映る影。葦原邦子が東京からの転校生清水美佐子を連れてくるシーンの廊下さえ、少女たちの足音に清められた風情がある。高峰秀子が清水美佐子を連れて初めてバスに乗る時、窓の外を眺めている清水のうなじから淡く清潔な官能が立ちのぼる。兵児帯をなびかせて、ふたりの少女たちが肩を抱きあって、笑いながら走り出す時の幸福感！　ふたりの少女の一挙手一投足から、お互いが「大好きよりも、もっと好き」という気持ちが伝わってくる。

美しい少女たちに対するふわふわした気持ちに酔っている内に終わってしまう73分。石田民三監督、素晴らしいな。

清水美佐子は原田知世的なたおやかな美少女で、高峰秀子は明朗な美しさ。デコちゃんが「少女の友」を清水に見せて相手の耳に口を寄せ「(中原淳一の絵が)似ているの、あなたに」と言うところ、ドキドキしてしまった。憧れの先生をめぐる諍いで女学校を辞めてしまったデコちゃんは後半、舞妓さん姿で出てくるのだが、これまた愛くるしい。でも同時に、彼女が後年の成瀬映画で見せるような女の悲しみを幼い中に漂わせていて、ああやっぱりこの人は少女時代から特別な女優だったのだと思う。

この映画の原作「天国と舞妓」が収められている『小さき花々』は国書刊行会から発売中。解説は私が書いています。

2010年3月29日『阿寒に果つ』(75)

神保町シアターで『阿寒に果つ』を見た。

渡辺淳一の原作を読んでから、ずっと見たかった映画だった。

ヒロインは北海道の天才少女画家・時任純子。

阿寒湖畔に春が来て、彼女の美しい凍死死体が発見されるところから物語は始まる。

誰に抱かれても心を許さず、燃えることがなかったという純子のモデルは、実在の少女画家・加清純子である。実際の彼女も高校三年生の時に行方不明になって、春に阿寒湖で遺体となって発見された。

小説の方は高校時代、ませた同級生だった純子に翻弄された田辺俊一（ナベジュンのアルター・エゴ）が、彼女を抱いた男たち（+近親相姦の関係にあった姉）を訪ねて、純子との関係を問いただしては、それをルポルタージュのように描くという形がとられていた。

妻子持ちの師匠、彼女の初めての男である画家、彼女の姉と恋人関係にありながら妹である純子も抱いていた新聞記者、純子が自殺未遂をした時に助けた医者、左翼運動をしているカメラマン、みんな口を揃えて純子は俺を一番愛していた、彼女の真意は自分が一番理解していたと言う。

死ぬ前に、男の家の前の積もった雪に真っ赤なカーネーションを挿して去っていく純子。

誰に抱かれても心ここにあらずといった冷たい少女であった純子。

もうベタなくらいのロリータなファム・ファタール像である。

映画版で純子を演じたのが、現・中村雅俊の妻・五十嵐淳子こと五十嵐じゅんだ。

映画版は小説以上に良かった。俗っぽくて、空虚で、甘ったるくて、それ故の歪んだ美しさがあるというギルティー・プレジャー的な作品である。

眞鍋理一郎によるシルキーなシンセのスコアはフランシス・レイっぽくて良いし、名匠・木村大作が撮った冬の北海道も美しい。でもその美しさがどうにも通俗的で、逆にその通俗的な感じがたまらないのだ。デヴィッド・ハミルトンのソフトコア・ポルノや、ロジェ・バディムの映画に共通する魅力を感じる。

もちろんその「通俗の極みの美しさ」を背負っているのは、ヒロインを演じる五十嵐じゅんである。ガラスのようにキラキラ光る瞳に愛くるしいルックス。まったく中身を感じさせない、人形の美しさだ。しかも、この人形はどこか汚れている。時折、『キャンディ』(68)のエバ・オーリンに似ている時もある。焼き鳥屋の煙越しに彼女がボッティチェリの複製画を見るシーンがあるが、五十嵐じゅんの美しさはまさにそんな感じなのだ。煙と油に汚れたボッティチェリのビーナス。しかも、そのビーナスはコマーシャル化された複製である。

『阿寒に果つ』は五十嵐じゅんの「汚れた美」を心ゆくまで堪能できる、暗いアイドル映画だ。真っ赤なコートを着て雪景色の中に消えていく純子。白い籐の椅子に膝を抱えて座る純子。スキー場のスロープの横に座り込む純子。そしてタートル・ネックのセーターを脱いで、青く固そうな乳房を見せる純子。この映画のスチール集があれば欲しいくらいだ。

　なかでも美しいのは、ソフト・フォーカスの映像で姉と絡み合っている純子である。中越典子にちょっと似たスタイリッシュな美人の姉、誰かと思ったら二宮さよ子だった。

　渡辺淳一のアルターエゴを演じる三浦友和も、清潔な好青年で悪くなかった。

　どんよりと曇り、三月の終わりだというのに一瞬雹まじりの雪が降った日に、この映画を見られて良かった。

2011年4月19日　恋には値札がついている

　二月から三月にかけて、阿佐ヶ谷ラピュタの源氏鶏太特集で四本の映画を見た。

　『青い果実』(55)は岡田茉莉子主演。『青い山脈』(49)を彷彿とさせるのはそのタイトルばかりではない。服部良一による主題曲からして近似値である。お話は(多分、伊東あたりの)海辺の町のお嬢様をめぐる恋愛騒動記だ。地元の有力者である茉莉子の父が、日曜日の朝にランニングする若者たちの「朝粥の会」から彼女の結婚相手を選ぼうとしていると知って、町の青年たちはみんなソワソワし始める。彼らの同僚である女子たちはそんな彼らに怒って「喫茶かもめ」に女子会を招集し、「朝粥の会」の男子たちと絶交を宣言する。「えー、じゃあコーラスの会も中止?」って女の子が言うのが良かった。もちろん抜け駆けする女子も出てくる。お目当ての異性の自転車の前に乗せてもらって海までデートに行ったりして、ああこの頃の恋愛って清々しい。

　しかし私の印象に残ったのは「喫茶かもめ」のメニュー表の値段であった。「カレー70円、ポークカツレツ120円」。1955年のこの値段は、現在に換算するといくらくらいであろうか。そう、源氏鶏太絡みの映画はどういう訳か物の値段とか、地域性とか、ディテールが気になるのである。『青い果実』の翌年に制作された司葉子主演の『見事な娘』(56)でも、経済が具体的に恋模様に絡んでくる。

　司葉子演じるヒロインは毎月のお給料からやりくりして、五万円ほど貯金をためている。会社が不渡り手形を出しそうな彼女の父・笠智衆は急に九十万円というお金が必要になって、娘にその五万円を貸してくれるように所望する。しかし、司葉子は兄の駆け落ち相手である悪い女にその五万円を騙し取られたばかり。彼女は偶然に出会ったお金持ちの坊ちゃん、小泉博の実家から三万円を借金して父に渡すことに。それでも会社の資金繰りは上手くいかずに、司葉子の一家は桜ヶ丘の家を売って、蒲田に引っ越すこととなる。家百万円を売って得た二百五十万円の内、百万は担保で取られ、百万は会社に入れて借金を精算、その他のお金を抜いて、四十万ほど手元に残るので病気で帰ってきた司葉子の兄の入院費もどうにかなるだろう…と笠智衆は言う。蒲田の家は信じられないほどのボロ家だが、二階からは富士山が見える。引っ越しそば六つで三百六十円の時代だ。

ちなみにコリーを飼っている小泉博の実家は自由が丘、会社の同僚で密かに司に思いを寄せる小林桂樹の下宿先は八丁堀という設定だった。

大好きな職人監督福田純による1962年作品『女性自身』の主演は藤山陽子。彼女はこれが唯一の主演作で、他の映画では「損な役回りの美人」ばかりを演じている。東宝のマーサ・ハイヤーと呼びたい。でも仕方ないかもしれない、すごい大根なんだもの！

そんな訳で沢田駿吾によるお洒落なスコアと素敵なオープニング・タイトルで感じたときめきは、ヒロインの鏡越しの自己紹介モノローグでいきなりシュンと萎んだ。棒読みヒロインに代わって、福田純のミューズ浜美枝が健闘。人のハンカチで鼻をかんでは借りパクしてしまうちゃっかり屋の同僚女子役で、いきいきとコメディ・リリーフを担っていた。

そんな浜美枝が同僚男子から二万円借金したのが、恋愛騒動の始まり。借金した相手の男子とどうしても結婚したい浜美枝は、藤山陽子に恋の助太刀を求める。しぶしぶその男、佐原健二に話をしにいく藤山陽子。そんな藤山陽子に（終電がまだにもかかわらず）銀座から梅が丘までのタクシー代金をポンと出して太っ腹なところを見せる佐原健二…別にお金持ちという訳でもなさそうなのにどうして。藤山陽子に思いを寄せる藤木悠はふたりの急接近を見て、慌てて預金通帳を見せて藤山陽子にプロポーズ。

「僕には四十五万円の貯金があります！　結婚して下さい」。

ふたりともイヤになってしまった藤山陽子が帝国ホテルでお見合いをすると、世間は狭いもので見合い相手の友だちとして佐原健二がついてくる。彼を無視して見合い相手とデートしようとする藤田陽子。相手は彼女を高輪プリンスのゴルフ練習場に連れ出す。

「（ゴルフって）高いレジャーですのネ。今日かかったお金は私のサラリーの一ヶ月分ですワ」という藤山陽子。

全ての恋のディテールに値札がついている！　さすが週刊誌「女性自身」に連載されていた小説が原作だけのことはある！

浅丘ルリ子主演の『結婚の条件』(63)もまた同じである。

『女性自身』のオープニングは女子トイレのBG（ビジネス・ガール、今でいうOL）たちのお喋りシーン（「あら、それ新しいカネボウの香水？　ちょっと貸して」と露骨にタイアップ先をヨイショ）であったが、今回はBGたちが「結婚相手の条件」を赤裸々に述べ合う場面でスタート。「最低でも月給三万円！」1963年の三万円ってどれくらいかなあ。三十万くらい？

この映画のルリ子は神保町シアターのモード特集で見た『華やかな女豹』(69)より二十倍はファッショナブルでラブリーだった。中原淳一の少女小説の主人公がそのまま大人になって会社勤めしているような、可愛いBGファッションの数々を披露してくれる。オレンジのボウタイ付きプリント・ブラウスと紺のツーピースの上に、真っ白なコートを合わせたコーディネートが印象的だった。真珠のペンダントや華奢な腕時計など、小物使いも完璧だ。白いパイピングのツーピースの時は白い手袋を合わせ、空色のワンピースの時は白い水玉のスカーフを合わせる。この時の衣装は誰なのかな？　森英恵はもう日活を離れた後だろうか…。

そんなキュートなルリ子を会社の男子たちが放っておくはずもなく、求婚者が何人も現れる。

「僕の月給は二万七千円、ボーナスは六ヶ月分です」。

今の婚活もこれくらい分かりやすくやればいいのに。でも、ルリ子は自分の結婚よりも、同居している兄夫婦の仲が気になって…！　というお話だった。ルリ子は高井戸で姉夫婦と同居しているのだが、姉の南田洋子がすっかりうるおいをなくして、身なりにも構わず妻の座に安住している間に、義理の兄二宮英明は未亡人の桂木洋子に惹かれてふらふら浮気しそうになっていたのである。

そんな訳で物の値段やサラリー、地域格差（四本中二本に婚活で自分の社会的地位を上げようとする下町の貧しい自営業の娘が出てくる）といった社会的なところが気になる娯楽作群であった。それにしても、当時の若いサラリーマンは本当にあんな風に銀座のバーでアフター5を過ごしていたのだろうか？　現代だったら、いくらサラリーがあっても足りないと思うのだけど…。

my favorites

私のニューヨーク映画ベストテン

様々な有名監督がニューヨークを舞台に撮ったオムニバス映画の『ニューヨーク、アイラブユー』(09)。楽しみにしていた作品だけど、何だか残念な出来だった。

パリや他の各都市を舞台にしたこのシリーズ映画で描かれるのはしょせん、観光客にとっての魅力的な都市部の姿なので、絵葉書的でも構わない。でも絵葉書としてもロケハンのセンスがひどい。今、ニューヨークで地区別にオムニバスを撮るのだったら、ブルックリンを中心にしてグリーンポイント、ダンボ、ウィリアムズバーグ、パーク・スロープ、レッド・フック、それからクィーンズ地区、マンハッタンだったらヘルズ・キッチンとロワー・イースト・サイドを入れるのが順当だと思うのだが、どうだろう。

それで、自分にとってのニューヨーク映画というのは何なのかと考えてみた。

雑誌でニューヨーク映画の特集をやると判を押したようにウディ・アレン、カサヴェテス、スコセッシの作品が並ぶのだけど、あれにはみんな飽き飽きだろうし、私が感じるニューヨークとはちょっと違う。ビリー・ワイルダーなんかもこの際、殿堂入りということで選外とした。

ニューヨーク映画には「ホリデイ・シーズンのニューヨーク」というサブジャンルがあって、『ホーム・アローン2』(92)、『エルフ』(03)、『三十四丁目の奇跡』(47、94)などはこちらに入る。以上のことを考えて、かつ「今日の気分」を反映させた私のニューヨーク映画ベストテンは以下の通りだ。

1『タイムズ・スクエア』(80)

グラインドハウスとポルノ・ショップが立ち並ぶ80年代初めのタイムズ・スクエア。ネオン溢れる安全なディズニーランドと化してしまった現在のミッドタウンではもはやこんな映画が撮られることはないだろう。どのように撮っても、それは航空会社の宣伝フィルムにしかなりえないのだから。

2『メトロポリタン』(90)

五番街から下の世界はニューヨークに存在しないと思っているようなアッパー・イーストサイドの上流階級のティー

ンたちの群に、ウェストサイドの貧しいインテリの少年が紛れ込む。
大学生たちが白いドレスとタキシードに身を包み、夜な夜なパーティに繰り出す一連のシーンの臨場感！
ヒロインのキャロリン・ファイーナはほぼこれ一作の女優だが、イーディス・ウォートン原作の『エイジ・オブ・イノセンス』(93)には主人公の妹役でチラリと出演した。つまり、正統派のニューヨークの令嬢顔だということ。

3『小さな逃亡者』(53)

自分の兄を殺してしまったと思い込んだ小さな少年が地下鉄に乗って逃げた先は、コニー・アイランド。ボードウォークの真下に広がるストライプの影、メリーゴーランド、遊園地中に兄が白いチョークで書くメッセージ……全てが子供の目を通して見た魔術的な空間になっている。知られざるニューヨーク派、モリス・エンゲルとルス・オーキン夫妻による傑作。トリュフォーはこの作品をお手本に『大人は判ってくれない』(59)を撮った。

4『クローバーフィールド／*HAKAISHA*』(08)

ロワー・イースト・サイドのヒップなアパートに住む男子が、一度ブルックリン橋を渡りかけて引き返し、トランプ・タワー近くのヒロインを救うためにマンハッタンを横断する、その距離感とタイム感が完璧。最後の映像は閉鎖間際のコニー・アイランド。

5『ナタリーの朝』(69)

ブルックリン橋といえばこの映画。ブルックリンからヴィレッジに出てきて、自分を知ったヒロインがラスト、バイクに乗って実家へと帰っていく。その様子がグラフィックになるエンディング・タイトルに涙が出る。

6『キミに逢えたら！』(08)

ライブハウスの*Cakeshop*に通い、ライブで夜を明かした朝にイースト・ヴィレッジの*Veselka*でコーヒーを飲む。そんなインディ・ロック好きの少年少女がエレクトリック・レディ・スタジオで結ばれるというゼロ年代的おとぎ話。

7『*Quiet City*』(08)

マンブルコア唯一の映像派による長編は、地方から出てきたウェイトレスが無職の青年とパーク・スロープで過ごす二十四時間を、詩的な退屈さで綴ったシャイなラブ・ストーリー。

8『大都会の女たち』(59)

シーグラム・ビルディングを舞台とした元祖『プラダを着た悪魔』(06)。ホープ・ラングが鬼編集長ジョーン・クロフォードにいびられるシーンも、『プラダ』のアン・ハサウェイとメリル・ストリープにそっくり。ダイアン・ベイカーが車から飛び降りる場所がストーンウォールだということで、ニューヨークのゲイたちにも人気がある作品。スージー・パーカーがアパートの窓から飛び降りるシーンのタイミングは『セックス・アンド・ザ・シティ』の名エピソード「決断のとき」に影響を与えたはず。『マッドメン』(07〜15)にも原作本が登場した。

9『サボテンの花』(69)

『ザ・バンク　堕ちた巨像』(09)のグッゲンハイム美術館はセットだったが、この映画ではちゃんとロケをしている。ミッドタウンに自分の歯科医院を持つウォルター・マッソーとヴィレッジのレコード店に勤めるゴールディ・ホーン。地域にふたりの文化と年齢の差が表れている。

10『ウォーリアーズ』(79)

ニューヨーク中のギャング集団がブロンクス公園に集結した夏。そこでギャング界のトップに君臨する「リフス」のリーダーが銃殺される。犯人だと濡れ衣を着せられた「ウォーリアーズ」はコニー・アイランドのギャング・チーム。他のギャングたちの襲撃をかわしながら何とか地下鉄を乗り継ぎ、マンハッタンの北の端にあるブロンクスから最南端のコニー・アイランドの駅を目指して必死に帰ろうとするのだ!

私の好きな2010年代ロマンティック・コメディ

2000年代から10年代にかけてのハリウッドでは、ロマンスの気配がするコメディ映画といえば同性同士の〝友情以上恋愛以外〟の関係性を扱ったものが多く、いわゆるロマンティック・コメディは死滅したとさえ言われていた。曰く、男女の愛が成就するところで終わる物語なんかもう古い。男女でなくても、恋愛というトピックス自体が疲弊している。ロマンティック・コメディを支える都会のお洒落な風俗描写も長引く不況で影をひそめ、今ではロマンスそのものが好景気時代の贅沢品に見えるという。

ところがここにきて、ロマコメの復権が盛んに取り沙汰されるようになった。様々な分野における多様性や男女関係の変化、現代の若者たちの経済事情なども織り込み、アップデイトされたロマンティック・コメディ新時代の始まりである。

ロマンスとはそもそも不合理なものだから、かならずしもポリコレ的な〝正しさ〟と相性がいい訳ではないけれど、ロマンティック・コメディの映画には定められた難関をクリアしていくゲーム的な要素もあるので、ルールが複雑化されれば、更に挑戦的になり、豊かになっていく可能性を秘めたジャンルだ。という理屈が浮かぶのと同時に、このロマコメ復権には〝キュートな出会い〟で始まり、〝ハッピー・エンド〟で終わる定番ストーリーというもののしぶとさも感じる。新しくて、同時に古き良き伝統も守っている、私の考える10年代ロマコメベスト10。

『トップ・ファイブ』(14)

ジュリー・デルピー主演／監督作の『ニューヨーク、恋人たちの2日間』では相手役を務め、エリック・ロメールの『愛の昼下がり』(72)のリメイク作『セックス・アンド・ザ・バディ』(07)を作るなど、実はロマンティック・コメディと親和性が高いクリス・ロック。生前、ノーラ・エフロンは彼の主演映画を撮ることを希望していた。「歩きながら喋るシーンがたくさんある映画を撮るから、覚悟して」とエフロンは言っていたそうだ。『トップ・ファイブ』はエフロンの教えを守って、クリス・ロック演じるアルコール依存症から復帰したコメディ俳優とロザリオ・ドーソン扮する彼に密着取材する女性記者がニューヨークの街を移動しながら恋に落ちていく。〝トップ・ファイブ〟とは好きなラッパーのベスト5のこと。その人選がロマンスに関わっているところが洒落ている。途中、セドリック・ジ・エンターテイナーが出てきてコッテコテの下ネタをやるシーンで心が折れそうになるが、それ以外は本当に粋なロマコメで、10年代のナンバーワンだと思う。

『ビッグ・シック　ぼくたちの大いなる目ざめ』(07)

パキスタン系のコメディ俳優の男子とアメリカ人の女子のラブ・ストーリーは、主演のクメイル・ナンジアニと彼と共に脚本を書いた妻のエミリー・V・ゴードンの出会いを下敷きにしている。プロデュースを手がけたジャド・アパトーは俳優たちの人生からリアルな物語を導き出すのが好きな人。この作品は、彼自身と妻のレスリー・マンをモデルにした『無ケーカクの命中男／ノックト・アップ』(07)、主演のポール・ラストと脚本／プロデュースのレズリー・アルフィンが結ばれるまでの話をドラマ化した『ラブ』(16～18)に続く、ジャド・アパトー・プロデュースの〝実録馴れ初め三部作〟の完結編である。

　人種や家族に関するすれ違いで恋がこじれた後にヒロインが昏睡状態になり、主人公が彼女の両親と関係を深めていくという展開は、ナンジアニの自らの経験でなかったら思いつかないかもしれない。そして映画の大半で意識を失ってベッドに寝ているだけなのに、ロマンティック・コメディのヒロインとして存在感を示すゾーイ・カザンの素晴らしさよ。

『*Obvious Child*』(14)

　一夜の関係、そして予期せぬ妊娠。それはロマンティック・コメディや恋愛映画で決して珍しいプロットではないけれど、女性監督のジリアン・ロベスピエールと新世代コメディエンヌのジェニー・スレイトが組んだこの映画はひと味違う。失恋したばかりのコメディ女優ドナが弾みで一夜を共にしたマックスはとんでもなく〝いい人〟。でもドナは出会ったばかりの相手の子供を産むことはない。彼女は中絶を決意する。それが悲劇ではなく、人生の選択として描かれているところが素敵だし、彼女の妊娠を知っても「俺の子供を産んでくれ」なんて迫ってこないマックスは新しい時代のロマコメにふさわしいロマンティック・リードである。ドナの手術の日はバレンタイン・デー。彼は花束を持ってきて病院に付き添い、終わった後はソファで一緒に映画を見て、彼女の足をブランケットで包んであげる。マックスを演じるジェイク・レイシーはこの後もドラマ『GIRLS／ガールズ』(11～17)などで究極の〝いい人〟を演じ続けている。

『セレステ∞ジェシー』(12)

　長年付き合い、結婚したカップルの別れから始まるところが既に新しい。セレステとジェシーは仲良しだけど、社会に出てキャリアを築いてきた彼女に比べてジェシーはお気楽そのもので子供のまま。「彼は礼服も持っていないの」とセレステは嘆く。ところが、実際に別れてみると依存心が強いのはセレステの方だったと分かる。その頃、ジェシーは新しいパートナーを得て、責任感のある男性に生まれ変わろうとしていた。別れた夫が恋しくて、マリファナを吸ってスナックをやけ食いしながらテレビを見るセレステのキャラが最高である。演じるのは脚本も手がけたラシダ・ジョーンズ。ジェシーには『ブルックリン・ナイン-ナイン』(13〜)の人気者アンディ・サムバーグ。ちょっとカリカリしている完璧主義のヒロインとイージー・ゴーイングな男というロマコメの王道の組み合わせに、ツイストを効かせたビター・スウィートな新時代ロマコメ。セレステがデートするポールを演じるクリス・メッシーナは、00年代のロマコメに欠かせない〝いい人〟が似合う男優で、一時期そんな役ばかりやっていた。

『クレイジー・リッチ!』(18)

ニューヨークのキャリア・ウーマンが恋人の実家を訪ねてみると、何と彼の家族は名門の億万長者。自分の息子にもっとふさわしい相手を求めていた彼の母親はヒロインに冷たく当たり、彼のことを狙っているお嬢様たちは彼女を笑い者にする機会を狙って暗躍する。…よく考えたら、もうハーレクイン・ロマンスの定番中の定番みたいな話である。それが、ヒロインをアジア系アメリカ人、彼氏をシンガポールの富裕層にすることで、こんなにフレッシュになるなんて! 浮世離れしたお金持ち描写も面白い。

主演のコンスタンス・ウーはドラマ『フアン家のアメリカ開拓期』(15〜)で有名になった女優で、コメディ・センスは抜群だけどメジャー映画初主演作となった本作では抑えて知的な女性を演じている。その分、シンガポールの成金一家に育った親友を演じるオークワフィナが場をさらった。ロマコメの定番の設定で人種/場所に多様性を持たせて新味を出すという手法は、『フアン家のアメリカ開拓期』でコンスタンス・ウーと夫婦を演じるランドール・パークの主演作『いつかはマイ・ベイビー』(19)でも用いられた。

『ザ・ロンゲスト・ウィーク』(14)

ジェイソン・ベイトマン演じるコンラッドはホテル住まいのお坊っちゃま。決して完成しない小説を書き、美女と戯れる日々。ところが離婚を決意した両親から仕送りを打ち切られ、いい年をした無職の高等遊民はアーティストである親友のディランのロフトに居候する羽目になる。それだけでも大変な状況なのに、コンラッドはよりによってディランが狙っている美女のベアトリスと恋に落ちてしまう。ベアトリスとの関係をディランに打ち明けられず、ベアトリスには一文無しだと告白できない。嘘をつき続けたコンラッドは絶体絶命の立場に追い込まれていく。

美しいランジェリー姿の美女たちとコンラッドがホテル

で戯れるスローモーションのシーンを見た時、これは好きな映画だと確信した。コンラッドが住居にしているスィートのインテリアはまるでウェス・アンダーソン。浮世離れしたキャラクターたちの造形はまるっきりホイット・スティルマン。オリヴィア・ワイルド演じるモデルのベアトリスの黒いアイ・ラインのメイクはアンナ・カリーナを思わせる。バーで女子バンドが演奏する曲に合わせて、コンラッドとベアトリスが踊るシーンはゴダール映画への無邪気過ぎるオマージュ。でも憎めない。

『セットアップ：ウソつきは恋のはじまり』(18)

ロマンティック・コメディのお約束事をこれでもかと詰め込んで、かつ全ての設定をアップデイトした*Netflix*らしい映画。ハーパーとチャーリーは、共に鬼のような上司を抱えてキリキリ舞いさせられているアシスタント。私のロマコメの法則に当てはめていくと、ふたりは飢えてキレかかっている上司のためのケータリングの食事をめぐって出会い(ルールその1出会いはキュートに)、いきなり喧嘩し(その2反発しながら惹かれ合う)、タスクから解放されることを夢見てお互いのボス同士が恋に落ちるようにと算段し(その3嘘をついて接近させる)、一緒に野球観戦をしたり最高においしいピザを食べたり(その6デートもキュートに)しているうちに相手を好きになっていくのだが、実は彼らの上司の内のひとりが最低の人間であることが判明して…という展開。主人公カップルではないものの、ルールその4の〝婚約の破棄〟も出てくるし、ヒロインのハーパーにはその9の〝適切なアドバイスをする第三者〟に当たるルームメイトもいる。でもこの友だち思いのルームメイトがするのが恋のアドバイスではなく、仕事のアドバイスだというところが今っぽい。ハーパーを演じるゾーイ・ドゥイッチが、ピザを食べるシーンで本気で食べ過ぎて相手役のグレン・パウエルの前で吐いたというエピソードを知って、ますます彼女を好きになった。

『タミー／*Tammy*』(14)

オンライン・マガジン*Slate*に2015年に載った、今時のロマンティック・コメディの相手役の傾向についての記事が面白かった。題して「エモーショナル・ボディガード」。最新のロマコメ・ヒロインたちは白馬に乗った王子様のようなパーフェクトな相手役ではなく、〝ちょうどいい塩梅の人〟を求めているのだという。すなわち、ハンサム過ぎず、収入もメンタルも安定していて、感情の起伏が激しい女性を受け入れる度量のある男。そんなキラキラし過ぎない相手役の例に挙がっていたのが、『エイミー！　エイミー！　エイミー！　こじらせシングルライフの抜け出し方』(15)のビル・ヘイダー、『Obvious Child』のジェイク・レイシー、『ブライズメイズ　史上最悪のウェディングプラン』(11)のクリス・オダウトといった面子である。純粋なロマコメとはいえないかもしれないが、『タミー』のマーク・デュプラスはまさにこの条件を満たす「エモーショナル・ボディガード」の〝ちょうどいい塩梅の人〟。

人生にトラブルを抱えているヒロインのタミー（メリッサ・マッカーシー）が祖母のパール（スーザン・サランドン）とイリノイ州からナイアガラの滝へと旅をしていくコメディ仕立てのロード・ムーヴィーで、マーク・デュプラスはルイビルでふたりが出会う酪農家の親子の片割れ。最後、タミーを追ってナイアガラの滝に現れる時、彼女が好きなスナックのチートスを持ってくるのが泣かせた。

『ラブコメ処方箋　甘い恋のつくり方』(14)

ジョエル（ポール・ラッド）とモリー（エイミー・ポーラー）は仲良しのカップル（のように見える）。友だちとダブル・デートの夜、彼らは自分たちの来し方を語り始める。ハロウィンの夜、偶然にも同じベンジャミン・フランクリンの仮装をしていたふたりは街角でぶつかり、言い争いになる。最悪の出会いだったが、同じパーティに行くところだったことが発覚。更に、ジョエルがモリーのキャンディ・ショップを買収しようとしている会社に勤めていることが分かって…というどこかで見たような展開に。

この作品はノーラ・エフロンの『ユー・ガット・メール』(98)を下敷きに、ロマコメのお約束を笑い飛ばすコメディ。しかし、〝ロマコメでいつもふられるタイプの男〟を主役に『*The Baxter*』(05)を撮ったマイケル・ショウウォーターと彼の盟友の監督デヴィッド・ウェインらしく、このジャンルへの愛にも溢れている。ロマンティック・コメディのパロディでは、レベル・ウィルソン主演の *Netflix* 映画『ロマンティックじゃない？』(19)もキャサリン・ハイグル主演の00年代初期ロマコメを徹底的に研究した作りで良かった。

『*Love*, サイモン 17歳の告白』(18)

ニック・ロビンソンが演じるサイモンは、クローゼット・ゲイの高校生。特に家族や友人に打ち明ける必要も感じずに生きてきたが、ある時、学校のネット・フォーラムに

〝ブルー〟というハンドル・ネームを使っているゲイの生徒がいることを知る。サイモンは〝ジャック〟という仮名で〝ブルー〟と交流を始め、彼に恋をするようになる。〝ブルー〟は一体、誰なのか。サイモンは彼を探そうとするが、同級生のマーティンに学校のパソコンの履歴を見られて、彼にゲイだと知られてしまう。秘密を守る代わりにマーティンはサイモンに彼とサイモンの友人のアビーとの仲を取り持つように頼まれるのだが……。

10代が主演のロマンティック・コメディにも、ダイバーシティが求められる時代である。主人公がゲイであることを隠していることによって巻き起こる騒動を描いているが、なぜゲイだけが自分のセクシャリティを公にしないといけないのかというサイモンの疑問はもっともだ。アウティング（他人がゲイであることをその人に無断で公表すること）など、シリアスな問題を含みながらも可愛らしく、甘酸っぱく仕上げたこのYA映画はスマッシュ・ヒットを記録した。

The Women

私たちのための、新しいマリリン・モンロー

マリリン・モンローで忘れられない写真がある。16歳の時にデパートの写真展で見たモノクロのポートレートだ。

写真の中のマリリン・モンローは黒いタートルネックのセーターと白いパンツというシンプルなファッションで、左手を腰に当て、少し前にせり出すような姿勢でまっすぐにカメラを見ている。1953年、『ナイアガラ』『紳士は金髪がお好き』等のヒットでスターの座に輝いた頃、「*LIFE*」のためにアルフレッド・アイゼンスタッドがマリリンの自宅で撮った写真である。自信に満ち溢れ、タフで、知性を感じさせる美しい彼女を見て、私はすっかり驚いてしまった。写真のマリリンは飾らないのにグラマラスだった。その頃ボンヤリ思い描いていた「マリリン・モンロー」とそれはまったく別の姿だった。セクシーだけど少し頭が足りない、男性に都合のいい女。不安定でわがまま、スタジオに迷惑をかけた美貌だけが売りの女優。私はマリリン・モンローのことをそんな風に思っていた。

「マリリン・モンローはどういう人間かって聞かれたら、どう答える?」『マリリン・モンロー　瞳の中の秘密』(12)の冒頭でマリリンは問いかける。その答は一つではない。映画の中の彼女はセクシーだ。イノセントで可愛らしい。人の心をとろけさせるような優しさを持っている。でも、それだけではない。彼女の演技や表情は陰影に富み、マリリンの複雑な内面が絶えずちらつき、星のように瞬いているのだ。

多面的なマリリン・モンローを表すために、この映画では複数の女優がマリリンの残したメモや手紙を朗読している。中にはすぐにマリリンのイメージとは結びつかない女優もいる。にもかかわらず、そこから浮かび上がってくるマリリン・モンローの姿は生々しく、力強い。マリリンの歴史として知られている様々なエピソードが彼女の個人的な視点から語られることで、今までとはまったく違う意味を帯びてくる。私生活で男たちに翻弄された悲劇のヒロインでも、彼女がキャリアの初期に演じていた「尻軽」な「お馬鹿さん」でもない、仕事を通して真摯に自分と向かい合い、困難を残り越えようとするひとりの女性。多くの女性が共感せずにはいられないマリリン・モンローがここにいる。古くから彼女を知る人には新鮮に映るだろうし、若い世代は、この映画

を通して新しいアイコンとしての彼女を「発見」するだろう。マリリンの真実の姿がゴシップや暴露話ではなく、彼女が打ち込んだ映画の中にあることがよく分かる。

この作品では『お熱いのがお好き』(59)の撮影でマリリンに手こずらされたと証言している映画監督のビリー・ワイルダーだが、こうも言っている。「…苦労のあげく何とかフィルムにおさめてしまえば、スクリーン上に現れるもの、それはただただ目を見張るばかりだ。オーラがたちのぼる」(『ワイルダーならどうする?』キャメロン・クロウ著 宮本高晴訳 キネマ旬報社)その通り。今、私たちが目にするのはスキャンダラスなセックスの女神としてのマリリンでも、精神不安定な女性でもない。スクリーンを自らの存在感でいっぱいに満たす、傷ひとつないダイアモンドのようなマリリン・モンローだ。

ハリウッドの若い女優たちは偏見のない目で彼女を見て、純粋に尊敬している。この映画で彼女の独白を担当した多くの女優が自分なりのマリリン像を探して実物のイメージと距離を取ろうとするなか、ひとりだけばっちりマリリン・メイクで決めてきたリンジー・ローハンもそうだし、10代のクロエ・グレース・モレッツとエル・ファニングも、お手本にしている一番好きな女優にマリリン・モンローの名前を挙げている。エル・ファニングなど、ハロウィンにマリリンの扮装をしてしまったほど彼女のことが好きだという。素晴らしいコメディ・センスと感受性、演技力、カリスマ、唯一無二のスタイル。それこそが彼女たちの見ているマリリン・モンローだ。そしてそれが、マリリン自身が望んだマリリン・モンローの姿だったに違いない。マリリンが捨てたかった劣等感や悲しい過去は、映画に残る彼女自身の輝きによって浄化されたのである。

永遠の反逆少女、ウィノナ・ライダー

ウィノナ・ライダー。

その名前からしてあまりに特別な少女は、黒い傘をさして、80年代ハリウッドのスクリーンに舞い降りてきた黒ずくめの堕天使だった。

『ビートルジュース』(88)で彼女が演じたリディアは、そう言いたくなるほど衝撃的だったのである。黒髪の、黒い服の、笑わない美少女。ブロンドの髪をふくらませて笑顔を振りまく他のティーン女優とは、比べ物にならない存在感だ。

でも、ウィノナはただ無愛想なだけの不機嫌なティーン

ではない。森の中の汚れのない小動物のような、バンビのような可憐な風情があった。少女にも少年にも見える中性的な魅力で、同性も異性も彼女にキュンとなった。学校に通っていた10代の頃はゲイの男子に間違えられていじめを受けたという話は有名だが、ウィノナのあまりに異質な美しさに遭遇して郊外の普通の子供たちが混乱し、彼女に危険さえ感じた結果なのではないかと思ってしまう。

他の子とは違う、そんな異形の美しさがある一方で、彼女にはアメリカの青春小説のエッセンスでできているような魅力もあった。ウィノナの愛読書はサリンジャーの『キャッチャー・イン・ザ・ライ』だというが、もしあの小説のホールデン・コールフィールドが少女だったら、ウィノナ・ライダーのような女の子だったかもしれない。アメリカらしい反逆精神とイノセンスの象徴であるウィノナが『若草物語』(94)でジョー・マーチを演じたのも納得である。

『ナイト・オン・ザ・プラネット』(91)でキャップを後ろ前にかぶってタクシーの運転手を演じるウィノナ、パジャマ姿でギターを弾く『17歳のカルテ』(99)のウィノナ。どちらも汚れた大人なんか信じない、ホールデン少年みたいな、ピーター・パンみたいな女の子だ。

スクリーンの中でもプライベートでも、ウィノナ・ライダーはドレスで着飾るよりも破れたジーンズとブーツ、ロックTシャツが似合う。彼女はファッションとしてロックTシャツを着ている訳ではない。パンク・バンドのザ・リプレイスメンツの大ファンで、『ヘザーズ／ヴェロニカの熱い日』(89)に出てくる学校名を、バンドのリーダーにちなんでウェスターバーグ高校にしてしまったというエピソードは、今も私の胸を熱くする。40代になった今も、彼女はその頃に買ったと思しきザ・リプレイスメンツのTシャツを着てグラビアに登場している！

しかも、それが実に似合っている。

ロックが好きな90年代の少女アイコンは、ネバーランドに住んでいるかのように年をとらない。永遠に痛ましい青春を生きる、リアルな女の子の化身なのだ。

キルスティン・ダンストだけが起こせる奇跡

『アップサイドダウン　重力の恋人』(12)は、二重引力が支配する世界で、二つの階層に引き裂かれた恋人たちの物語だ。ジム・スタージェスが演じるアダムは双子惑星の貧しい方の星に住み、キルスティン・ダンスト扮するヒロインのエデンは、富裕層が暮らす星に暮らしている。ふたりはそれぞれの星の山頂、二つの引力の境目の場所で偶然に出会い、運命の恋に落ちていく。エデンへの恋心が、アダムを決して行ってはいけない世界——逆さまの引力が支配するもうひとつの惑星への危険な旅に導く。

このプロットを知って、キルスティン・ダンストほどエデンを演じるのにふさわしい人材はいないと思った。キルスティンはキャリアの初期から、底辺で暮らす男子たちが憧れる「上の世界の女子」を演じ続けてきた女優だからだ。SF世界の話ではない。学園映画のことである。

『インタビュー・ウィズ・バンパイア』(94)で天才子役として注目されて以降、ティーン時代のキルスティン・ダンストは背伸びせずに等身大の少女が活躍する映画に出演してきた。その多くがハイスクールを舞台にした作品だった。

そして学園映画のキルスティン・ダンストといえば、高校で一番人気の女生徒だ。15歳の時に出たジョー・ダンテ監督の『スモール・ソルジャーズ』(98)では、オモチャ屋の息子である主人公が学校では口もきけないようなマドンナだった。代表作の一つである『ヴァージン・スーサイズ』(99)では学校中の男子たちが憧れている美人姉妹のひとり、『チアーズ!』(00)ではアメリカの高校のなかでも「勝ち組」の女子だけがなることが許されているチアリーダーを演じている。

学園の人気者の世界を、『アップサイドダウン』の二つの星に例えるなんて大げさだと思うかもしれないが、アメリカのハイスクールでは、「勝ち組」の生徒と「負け組」の子供たちの間に、はっきりと溝がある。ハイスクールで人気者になれるのは、体育会系のジョックスと呼ばれる男子たちの集団と、その男子を取り巻くチアリーダーやお金持ちでファッショナブルな女子たちだ。彼らはランチの時も食堂で一番いい席を取り、学校で貴族のように振る舞う。勉強ができても、文化的なことに秀でていても、他の子供たちはそんな「勝ち組」のグループには決して入れないのだ。

キルスティン・ダンスト演じるヒロインは、いつもそんなおかしなルールにがんじがらめになっている世界に異を唱えてきた。学園映画の中の彼女はつんけんしている高嶺の花ではなく、「負け組」の男子に振り向いてくれる優しい女子高生だった。『チアーズ』のラスト、ボンクラな文化系男子に自分からキスして告白してくれる、あれこそがキルスティン・ダンストのイメージである。そんな彼女だからこそ、『スパイダーマン』(02)のヒロインが務まった。シャイで奥手なピーター・パーカーが、隣の家に住みながら、学校では直接声をかけることができない美少女メリー・ジェーンはそれまでのキルスティンの集大成の役である。

優しくて勇気があり、引っ込み思案の男子を引っぱり上げてくれるようなキャラクターはその後、キャメロン・クロウの『エリザベス・タウン』(05)に受け継がれていく。『アップサイドダウン』のエデンも、この系譜に属するヒロインだ。つまり、これはキルスティン・ダンストが最も輝くパターンの映画なのである。キルスティンのこれまでのキャリアを知っていても、知らなくても、アダムがエデンを追い求める気持ちはよく分かるだろう。

『スパイダーマン』は「勝ち組」と「負け組」の引力が恋によって覆る瞬間を、有名なキス・シーンで見せた。スパイダーマンのマスクをかぶったピーター・パーカーが逆さ吊りの状態でメリー・ジェーンにくちづけされる、ロマンティックな「逆さまのキス」だ。くだらないルールが支配する世界の格差恋愛を、こんなに鮮やかに見せたシーンも他にないだろう。

『アップサイドダウン』でこの「逆さまのキス」は再現される。二つの価値観、二つの引力に引き裂かれて生きるアダムとエデンがキスを介して一つになった瞬間、それまでの世界は大きく変わるのである。そんな奇跡を起こせる女優は、キルスティン・ダンストをおいて他にいない。「格差恋愛」は女優キルスティン一生の仕事なのだ。

ジェシカ・チャステインの体現するアンチ・ヒーローな女性像

ジェシカ・チャステインはつくづく面白い女優だと思う。

私が初めて彼女を見たのは、テレンス・マリック監督の『ツリー・オブ・ライフ』(11)だった。マリックの映像独特の柔らかい光の中にいる、主人公の記憶の中にある美しき母親として現れた彼女はまるで、ジョン・エヴァレット・ミレーが描いたオフィーリアのような古風で典雅な雰囲気があった。しかし、これほどまでにクラシカルな容貌でありながら、チャステインが最も輝くのはモダンな強いヒロインを演じる時なのだ。それは、力に任せて状況を動かそうとするような女ではない。マグマのごとき熱情をそのまま冷やして、打って、鋼鉄のような意志へと変貌させたような、冷静で一徹な女性だ。滅多なことには動じない。そして時には、目的のために普通の人間が考えるモラルの領域も超えて、危険な賭けにも出る。

アカデミー賞の主演女優賞にノミネートされた『ゼロ・

ダーク・サーティ』(12)で彼女が演じたCIAの分析官、マヤはまさしくそんなヒロインだった。ヒロインというよりも、ヒーローと呼んだ方がいいかもしれない。チャステインが演じたのは、パキスタンでテロリストたちに対する過酷な拷問にも立ち会い、ほぼ唯一の親友である同僚を自爆テロで失いながらも、悲しみや絶望に足をすくわれることなくビン・ラディンを追い詰めていく女だ。CIA本部の上司であるジョージ(マーク・ストロング)のオフィスの窓に、捜査が進展していない日数を書いた紙を叩きつけて見せるシーンは印象的だった。上から部下に何か言うのではなく、下の立場から上司を突き上げてくるのが、チャステインにはよく似合う。

『アメリカン・ドリーマー　理想の代償』(14)で演じたオイル会社を経営する社長の妻アナは、事業を維持するためには手を汚すことも厭わない女だったし、『クリムゾン・ピーク』(15)での、弟の花嫁を迎え撃つような、ゴシックな館の女主人ルシールもはまっていた。

ジェシカ・チャステイン本人も人目など気にしない、反逆児を思わせるところがある。10代の時は学校に馴染めず、授業をサボって駐車場に停めた車の中でシェイクスピアを読みふけり、高校を卒業し損ねたという過去もある。その後、高校の卒業資格を取って地元の劇団で活躍していたが、相手役だった俳優が名門ジュリアード学院に合格したと聞いて「彼が受かって、私が落ちる訳がない」と自分でも受験したという。結果、見事に合格して、優秀な生徒に与えられるロビン・ウィリアムズ奨学金を勝ち取った。不屈の精神の持ち主だ。今もソーシャル・メディアを通して、女性の権利や政府に対する抗議などを力強い言葉で訴えている。歯に衣着せぬ、ジェシカ・チャステイン自身のその率直な姿勢が、演じる役柄に説得力を与えている。

目標のためには手段を選ばない辣腕ロビイスト、エリザベス・スローンを演じた『女神の見えざる手』(16)はまさしく、チャステインが本領を発揮した作品といえる。エリザベス・スローンはただ、優秀な戦略家というだけではない。彼女は勝利することに取り憑かれていると周囲の誰もが言う。どんな時も考えるのは仕事のことだけ。冷静な仮面の下で、常にアドレナリンに駆り立てられている。そんな彼女が、銃規制法案の廃止をめぐって所属する大手ロビー会社の上司たちと敵対することになる。スローンは小さなロビー会社のCEOに請われ、部下を引き連れて会社を移籍する。彼女の新しい上司ジョージを演じるのが、『ゼロ・ダーク・サーティ』でもチャステイン演じるマヤの上司だったマーク・ストロングだというのが面白い。ストロングはまたしても部下であるはずのチャステイン演じる主人公に振り回され、突き上げを食らうのだ。

銃規制法案を守るために、スローンはどんな手段も辞さない。かつての仲間だけではなく自分の部下さえも裏切るし、世論も利用する。議員を自分の味方につけるためには何でもする。ストロング演じるシュミットは、彼女が自費で盗聴チームを雇っていることに愕然とする。仕事第一の彼女にはプライベートなどないに等しく、会食がなければ中華料理店でいつも同じメニューを頼んで食事を済まし、性的な欲求はエスコート・サービスで満たしている。

そんなエリザベス・スローンの生活描写や仕事の哲学に、戸惑う人もいるかもしれない。しかし私たちは映画や小説で、こんな風に人の好感度など気にしないアンチ・ヒーローの男性を散々見てきているではないか。『ワンダーウーマン』(17)の監督パティ・ジェンキンズも言っていたが「男のヒーローに許されることは全て、女のヒーローにも許されるべき」のである。かつての西部劇やギャング映画の無頼なアウトローのヒーローには「黄金のハートを持つ娼婦」が相手役としてつきものだったが、この映画では、注目株であるジェイク・レイシーが「黄金のハートを持つ男娼」とでも呼びたいようなエスコートを演じるという逆転劇が生じている。強いはずのスローンが唯一、弱みを見せる相手が彼なのだ。

エリザベス・スローンはかつて勤めた事務所から不正の証拠を付きつけられ、絶体絶命の立場に追い込まれる。彼女はそんな時でも眉ひとつ動かさず、冷静だ。昔ならば可愛げのない女だと言われたことだろう。しかし、今はそんな女性像も映画で主人公として求められている。つややかに磨きあげられた鋼を思わせる赤い髪、射抜くような視線、鎧の代わりの完璧なファッションとハイヒール。冷ややかな外見の奥底に、彼女は熱いハートを秘めている。それが明らかになる時、エリザベス・スローンがアンチ・ヒーローにして真のヒーローと呼ぶのにふさわしい資質の持ち主であり、ジェシカ・チャステインのはまり役だということに誰もが納得するだろう。

アニエス・ヴァルダを愛さずにはいられない

インディで初の長編映画『ラ・ポワント・クールト』(54)を撮った時、アニエス・ヴァルダはまだ25歳だった。もう、後年のトレードマークとなるおかっぱ頭のヘアスタイルだった。映画学校で正式なトレーニングを受けたことがない彼女は、〝こういう映画を撮りたい〟と思いながら写真をたくさん撮ったという。その時の写真には『ラ・ポワント・クールト』のシーンと、ほぼ同じものが多数あるそうだ。

アンリ・カルティエ＝ブレッソンの写真を思わせるような、モノクロで捉えた決定的なショットの数々。貧しくとも気高く働く労働者たちと、彼らを取り巻く社会問題。まるでエドゥアール・ヴュイヤールの絵のような質感で壁紙を撮る、その美術センス。シーンを自由に行き来する猫。この処女作に、後の彼女の作品のエレメントの全てがあると言っていい。彼女の代表作『幸福』(64)でも描かれた、残酷さを含んだロマンスの不条理もここにある。ロマンスは男女の関係とは限らない。『歌う女・歌わない女』(76)の対照的なふたりの女性の間に紡がれる友情もある種のロマンスであり、ひとりでさまよう少女を追った『冬の旅』(85)は女性と孤独のロマンスだといえる。

『ラ・ポワント・クールト』を見て気がついた。ヌーヴェルヴァーグの流れで紹介されることが多いアニエス・ヴァルダだが、彼女自身がひとつの映画ジャンルなのだ。市井の人々や弱者、女性の生き方に目を向ける誠実な視点がありながら、同時に軽やかな遊び心に溢れている。彼女の映画に似ているものは、他にない。あの唯一無二のおかっぱ頭と同じだ。

アニエスは自分が興味のあることや、好きなものを映画に持ち込む。ルーヴル美術学院で美術史を学んでいた彼女の作品は、絵画から得たインスピレーションに溢れている。病院の検査を待つ女性の二時間を追った『5時から7時までのクレオ』(61)はハンス・バルドゥングの「死と乙女」から着想を得ている。ドキュメンタリーの『落穂拾い』(00)はミレーの絵画を出発点とし、女優ジェーン・バーキンをキャンパスに様々なアイデアで戯れた『アニエスv.によるジェーンb.』(87)ではティツィアーノやゴヤ、ルネ・マグリットの絵画を引用している。しかしティツィアーノの「ウルビーノのヴィーナス」の再現で、ヴィーナスではなく、バックで長持に頭を突っ込んで作業している小間使いの方に目を向けているのが、いかにもヴァルダらしい。

この映画でバーキンが話す『カンフー・マスター!』(87)のアイデアを聞いて、自分の息子であるマチュー・ドゥミを相手役に選ぶセンスにも驚かされる。ヴァルダは自分の家族も映画に引き入れた。母親であることが映画作りにどう影響したかというインタビューに対して、ヴァルダはこう答えている。「延長コードを手に入れれば、家で映画が撮れると思った」

ヴァルダはパートナーのジャック・ドゥミへの愛、彼の映画への愛も自らの作品にしている。『ジャック・ドゥミの少年期』(91)、そして映画へのラブレターである『百一夜』(94)。映画にすれば、彼女が愛するものは永遠に彼女のものになる。

サンフランシスコに暮らす親戚を訪ねた記録である短編『ヤンコおじさん』(67)や、平気でセットの鏡に映り込み、途中でキャストと対話する『ライオンズ・ラブ』(69)。デジタル・カメラを片手に街に飛び出して、一人称的なドキュメンタリー・スタイルを完成させた『落穂拾い』の前から、アニエス・ヴァルダ自身が出演する作品も多い。ヴァルダの映画はヴァルダそのものなので、後年になるに従ってその内容はどんどんハイブリッドになり、複雑に、豊かになっていく。フィルモグラフィーにひとりの女性の人生が刻まれている。アニエス・ヴァルダの映画を愛することは、彼女自身を愛することなのだ。私を含む彼女の映画のファンは、ヴァルダを愛さずにはいられない。そして彼女の映画を見ると、まるでヴァルダから愛されているような気持ちになってしまう。そんな風に思わせてくれる映画作家は、きっとアニエス・ヴァルダしかいない。

CHAPTER 3

思春期という
アメリカ映画の神話

ジョン・ヒューズならどうする？――『すてきな片想い』(84)

いくらクラシック映画のソフト化が進み、過去の作品を際限なくフォロー・アップできるようになっても、様々なジャンル映画の様式が成熟してから映画を見始めた世代には決して分からないこともある。

西部劇、ＳＦ、スクリューボール・コメディ、ホラー。それらの作品を時系列に並べ、そのジャンルを生んだ時代背景を調べ、歴史をなぞって勉強することはできるだろうし、現在の地平から新たな見方を提示することも可能だろう。しかし、そうしたジャンルが誕生する瞬間、映画館という現場にいなかった者は、新星が誕生する時の目もくらむような閃光を見ること、ジャンルにおける表現《スタイル》が提示され、文法《ルール》が形成されていくのを目の前で見せられる同時代感覚を味わうことは不可能なのである。

しかし全ての分野において〝遅れてきた観客〟の私たちに、リアルタイムで新しい映画ジャンルが作られていく瞬間を見せてくれた映画作家がひとりいる。ジョン・ヒューズだ。

ヒッチコックが何十本もの映画を撮ってようやく成し遂げたことを、彼は80年代に（脚本のみを手がけたハワード・ドイッチ監督作を含む）たった六本の映画で完成させた。アメリカのハイスクールを舞台にした「学園映画」という分野《ジャンル》の形成である。

もちろん、高校を舞台にしたコメディや青春映画はそれまでにもあった。しかし、90年代後半に入りティーン映画を作り始めた新しい映画作家やエンターテインメント映画を手がける者たちが選択したのは、自分たちの思春期に多大な影響を及ぼしたジョン・ヒューズのスタイルだったのである。現代の観客は90年代から00年代を通して、ジョン・ヒューズが作ったティーン映画の様式が、その影響下にある子供たちによってジャンル化されていくのを目の当たりにしたのだ。

このたび（2006年）日本でようやくDVD化されたヒューズの初監督作『すてきな片想い』には、現代のティーン映画の全てのオリジンがあると断言していい。最悪の幕開けで始まり、憧れの先輩とふたりきりのパーティというサプライズで終わる。ある少女のそんな16歳の誕生日を描くこの作品には、特別なドラマは何もないが、ティーンの心を占める〝大人にとっては些細なこと〟がぎゅっと詰まっている。かみ合わない両親との関係、子供と大人のどっちつかずで揺れる心、セクシャリティの発露、そして見えない壁としてティーンの前に立ちはだかる〝人気者〟と〝その他大勢〟という階級問題。その後のストーナー・コメディの基礎を築いた監督三作目の『ときめきサイエンス』（85）にも同じことがいえる。

ここには、それまで誰もすくい取らなかったリアルなティーンの心情がある。プロット、ダイアローグ、ニュー・ウェイヴを使う選曲センス、編集のリズム。いま見ても色褪せない、という言葉は使うまい。なぜなら、ヒューズ映画の表現は現時点でまだ新星の輝きを放っているのだから。

そしてこの瞬間も、どこかで青春映画の作り手が「ジョン・ヒューズならどうする?」という問いを自分に投げかけているはずなのだから。

思春期前夜のスランバー・パーティ――『アメリカン・スリープオーバー』(11)

デヴィッド・ロバート・ミッチェル監督の長編デビュー作『アメリカン・スリープオーバー』は、新学期直前のとある一日を舞台に、ミシガン州デトロイト郊外に暮らすティーンたちのそれぞれの物語が交錯する群像劇だ。

新学期が来たら高校に上がるマギーとベスは同じダンス教室に通う親友同士。マギーは今年の夏を華やかに締めくくろうと刺激的な出来事を求めて、上級生のキャメロンに言い寄る。彼女は同時にプールで見かけた年上のスティーブンにも惹かれている。マギーと同い年のロブはスーパーマーケットで魅力的な金髪の少女と視線を交わし、彼女の姿を求めて夜の町をさまよう。高校二年生のクラウディアは最上級生のショーンと交際中だが、ふたりの仲は既に冷めている。失恋のせいで大学を辞めようかと思案しているスコットは、母校の高校で演劇部時代の自分の写真を見つけ、彼と一緒に写っている双子のアビー姉妹になぜか恋い焦がれるようになる。

特定の時代を思わせる風俗は見当たらないが、登場人物が誰も携帯電話を持っていないこと、男子たちがテレビで見ているのがＶＨＳのテープであることから、年代は監督本人がミシガンで高校生だった１９８０年代後半と推測される。自分の青春時代と重なる年代のとある一日を切り取り、複数のティーンエイジャーの物語を描くという青春映画の手法は、ジョージ・ルーカスが『アメリカン・グラフィティ』（73）で確立し、リチャード・リンクレーターが『バッド・チューニング』（93）で揺るがぬものにした。『アメリカン・スリープオーバー』はこの国の青春映画の伝統を汲んだ作品といえる。

『アメリカン・スリープオーバー』の登場人物たちの物語を結ぶのは、異なる四つのスリープオーバー（お泊まり会）だ。マギーとベスがダンス教室の仲間に招かれる、高校に上がる前の少女たちを中心としたスリープオーバー。高校二年生の派手な女子、ジャネルがクラウディアはじめ同じ学校の女子たちを招いて催す、ほんの少し危険なスリープオーバー。「表向きはスリープオーバーと言わない」さえない男子ばかりが集まるお泊まりパーティ。そして、ミシガン大学と思われる学校の体育館で行われる、新入生が対象のスリープオーバー・オリエンテーションである。

可愛らしい招待状が配られるダンス教室の少女たちのスリープオーバーは、いかにも両親の許可をもらって催すパーティといった、他愛のない雰囲気がある。集まる少女たちはティーンというよりも、子供とティーンの間を指す言葉であるトゥウィーンという名称が似合う。子供じみたことから卒業したいマギーがベスを誘って、年長の男子たちが集まる深夜のパーティに行きたがるのも無理はない。

マギーたちがキャメロンから住所を聞いて押しかけるパーティの光景は、アメリカの青春映画を見ている人たちにはお馴染みのものだ。日本のカラオケ・ボックスのような遊び場のないアメリカの地方の高校生たちは、同級生の誰かの両親が週末旅行に出ようものなら、その家をパーティ会場にしてしまう。集まってお酒を飲み、庭のプールに飛び込み、大音量で音楽をかけて踊るのだ。空いている寝室は恋人たちにとって無料のラブホテルにもなる。

鏡の上でコカインではなくポッド（マリファナ）を吸い、お酒を瓶から回し飲みするジャネルのスリープオーバーは、そんな高校生のパーティをお泊まり会のフォーマットに落とし込んだバージョンといえる。ダンス教室の少女たちを見れば分かる通り、本来、スリープオーバーとは少し子供っぽい行為なのだ。アメリカのこっくりさんであるところのウィジャー・ボードが出てくるところなど、ジャネルのスリープオーバーにもまだその雰囲気が残っているといえる。

ロブとその親友マーカスが参加する男子たちのお泊まり会が「表向きは」スリープオーバーと呼ばれない訳は、それがティーンの女子の文化に属するものと考えられているからだろう。

そもそもスリープオーバーとは何なのか。少女たちが寝袋と枕を持って友だちの家に集まり、パジャマ姿で夜通し遊ぶお泊まり会のことである。スランバー・パーティと呼ばれることもある。スリープオーバーで少女たちは真夜中にスナックを食べ、お気に入りの映画のDVDを見て、音楽をかけてダンスをする。

発祥は明らかではないが、調べてみると「ティーンエイジャー」という概念が定着する前の1930年代や40年代にも、結婚前の少女たちが集まって寝間着姿ではしゃぐお泊まり会があったことは分かる。少女の13歳の誕生日の夜にスリープオーバーを行うという習慣も一部ではあるらしい。その年齢になって、少女は家族というコミュニティだけではなく、自分と同年代の仲間との世界を持つ許可を得る。より厄介な問題が待っている思春期、ティーンエイジャーの世界に足を踏み入れる一歩手前で経験する、自立のためのテスト飛行としてスリープオーバーは機能している。アビー姉妹の大学オリエンテーションのスリープオーバーは一見奇抜だが、大学が生徒たちを家族から切り離し、自分たちの世界へ迎え入れるイニシエーションなのだろう。

スリープオーバーで、少女たちは大人からは伝達されなかった様々な情報を同年代の友だちから手にいれる。セックスに関する知識もその一つだ。スリープオーバーという通過儀礼を経て、少女たちは実際に肉体が花開く前に性について覚え、それに対する嫌悪感や期待を募らせる。しかし、この時点でセックスはまだ実体を持たない。その空気だけが漂っている。

『アメリカン・スリープオーバー』には、官能の気配がそこかしこに見受けられる。スプリンクラーから放たれる水。少女が容器の蓋を開けて嗅ぐシャンプーの匂い。マギーとベスが風を切って自転車で走る様子。クラウディアの横顔をかすめて通り過ぎる流れ星。それは実際のセックスよりも甘美な、予感と期待が醸し出す特別なムードだ。この映画は、大人になること、性を知ることの「予感」をテーマにした作品なのである。

ティーンエイジャーになることを急ぐマギーに、スティーブンはスリープオーバーが懐かしいと語りかける。期待していた何かが実際に訪れた時、人はそれを期待している時に持っていた何かを失うからだ。アメリカには思春期を特別な季節として尊ぶ「神話」がある。マギーもスリープオーバーの夜を通して、その季節に一歩踏み出す。『アメリカン・スリープオーバー』は「予感」とその予感の「喪失」を描いた映画だというところが、アメリカ映画らしい。多くの場合、アメリカにおいて成長はイノセンスの喪失を意味している。マギーよりも二つ年上のスティーブンは若くして既に自分が失ったものへの郷愁を語っている。

彼の言葉に耳を傾け、マギーは自分が一夜のうちに全てを経験したい訳ではないことを悟る。全ての物事が始まる一歩手前にあるその瞬間をとどめるため、彼女はウォーター・スライダーの途中で一度止まる。滑り落ちた後の水音の向こうにあるのは、『アメリカン・スリープオーバー』の子供たちがまだ知らない世界だ。

今をときめくコメディアンたちがみんなで過ごした、あの夏

――『ウェット・ホット・アメリカン・サマー』（01）

『ウェット・ホット・アメリカン・サマー』は、サマー・キャンプの最後の一日を舞台にしたアンサンブル・コメディ映画だ。アメリカの夏休みは長く、その内の二～三週間をサマー・キャンプで過ごす子供たちは多い。ロッジに泊まり、湖畔でカヌーや水上スキーを楽しみ、夜はキャンプファイヤーを囲んで、みんなでマシュマロを焼いてスモアを作り、ギターを弾いて歌ったりするのである。

『ウェット・ホット～』も、そんなキャンプファイヤーのシーンから始まる。しかし、ここでの主役は子供たちではない。彼らを保護し、様々なアクティビティで楽しませ、管理する指導員たちである。やはり長い夏休みを過ごす、高校生や大学生がするバイトのはずだが……どんちゃん騒ぎをしているティーンたちを演じるのは、既にややトウのたった俳優たちである。サマー・キャンプが舞台の映画なのに主役が指導員たち、しかもそれを演じるのが30代を中心とする俳優、というのがもうギャグになっている。

キャンプの最後の日、指導員を束ねる立場のベスは、ロッジを借りている天文物理学者のヘンリーに科学の授業をやってもらえないかと声をかける。食堂を仕切るのは、ベトナム帰りで気がおかしくなっているシェフのジーン。心優しいクープはケイティに片思いしているが、彼女は不誠実なボーイフレンドのアンディに夢中。そのアンディはリンゼイと大っぴらに浮気をしている。スージーとベンは、最後の学芸会のために完璧なミュージカル・ナンバーを上演しようと計画中。ヴィクターは童貞喪失のチャンスに目がくらんで、カヌーで川下りをしている子供たちを置き去りにする。クラフト教室の先生、ゲイルは離婚による傷心を子供たちに打ち明け、女子に興味のないマッキンリーは密かにベンと結ばれる。そんな中、NASAの宇宙衛星スカイラブがキャンプ場に落下してくるという事実が発覚する。

『ウェット・ホット・アメリカン・サマー』は、子供時代に夏休みをキャンプで過ごし、かつ指導員の立場も経験した監督のデヴィッド・ウェインの思い出が基になっている。シュールなギャグが詰め込まれているが、どこか緩くて、リラックスしたムードが流れている。俳優たちのインプロ（即興演技）を中心とした作劇と、これが映画の第一作目だったウェイン監督の背景にあるキャリアに、この映画の独特なムードの鍵が隠されていそうだ。

監督のデヴィッド・ウェインと、共同で脚本を書き、クープ役で出演もしているマイケル・ショウウォーターは、もともとザ・ステイトというコメディ集団の一員である。

ニューヨーク大学の生徒たちで結成されたこの集団は、学内やニューヨークの劇場で活躍するようになると瞬く間に注目を集め、MTVから彼らの名前を冠したコメディ・スケッチ・ショーを依頼されるまでになる。『*The State*』（93〜95）の放映が始まった時、メンバーはまだ全員20代前半。大学を卒業したばかりだ。層の厚いアメリカのコメディ界では、異例の出世だった。『*The State*』は若いコメディ集団によるヒップな番組として評判になり、地上波の大手放送局が声をかけてくるようになった。ザ・ステイトはCBSの深夜枠に打って出たが、様々な誤解もあって番組は当初から上手く行かず、あっという間に潰えてしまった。

そのことをきっかけに、メンバー内におけるコメディの方向性の違いが顕在化してザ・ステイトは分裂してしまう。トーマス・レノンとベン・ギャラントを中心とする一派はハリウッドに渡って『ナイト　ミュージアム』（06）シリーズの脚本やコメディ・セントラルの番組『*Reno 911!*』（03〜09）を手がけるようになり、ニューヨークに残ったウェイン、ショウウォーター、マイケル・イアン・ブラックは後にザ・ステラという三人組として活躍するようになる。アンディ・サムバーグを中心とするトリオのロンリー・アイランドは、ザ・ステラが*YouTube*等で発表するデジタル・ショートに触発され結成されたという。

『ウェット・ホット・アメリカン・サマー』はウェイン、そして出演しているショウウォーターとイアン・ブラックにとって、ザ・ステイトとザ・ステラの端境期の仕事に当たる。

ニューヨークという場所にこだわった彼ららしい人脈を生かしたキャスティングになっている。今となっては贅沢極まりないキャストだが、当時はまだキャリアの発火点に達していないコメディ俳優たちだ。

当時、既に有名だったのは『*The Ben Stiller Show*』(89〜93)で知られ、数多くの映画主演作もあるジャニーン・ギャロファロと、『サタデー・ナイト・ライブ』(75〜)で人気者だったモリー・シャノンくらいだろう。ポール・ラッドも映画『クルーレス』(95)等でキャリアがあったが、彼のコメディの才能が知られるようになるのはこの数年後、ジャド・アパトーのプロデュース作に出るようになってからだ。やはり後にアパトー組に参戦するエリザベス・バンクスとはここで初共演となる。『ピッチ・パーフェクト』(12)シリーズのクリエイターとしても、女優としても乗りに乗っている彼女も、当時はこれが映画出演二作目という新人だった。ポール・ラッドはこの後もデヴィッド・ウェイン監督作に限らず、ザ・ステラ絡みの映画/ドラマに出演し続けて、アパトー・ファミリーとザ・ステラ組をつなぐコメディ界のキー・パーソンになっている。エイミー・ポーラーはこの映画が公開された年に『サタデー・ナイト・ライブ』のオーディションに合格。この頃はニューヨークの劇場で活躍するコメディ集団アップライト・シチズン・ブリゲードの立役者として、業界内で注目され出したばかりと言っていい。後に『ハング・オーバー』(09)シリーズでブレイクし、スターとなるブラッドリー・クーパーはまだニュー・スクールの演劇学校の学生だった。シェフを演じるクリストファー・メロニーも『*Law & Order*：性犯罪特捜班』（99～）が始まったばかりだ。もちろん、元ステイトからも、ケン・マリーノと現在は『ブルックリン・ナイン－ナイン』（13～）で知られるジョー・ロー・トゥルリオが参加している。

誰もが若く、まだ未来のキャリアが定かでない時に撮影されたこの映画は、実際にキャストたちがロケ地のロッジに泊まり込んで子供のように遊びながら作られたという。爆笑させられるというよりも、その自由で親密な空間に身を置いて、自分も彼らと一緒になってバカをやりたいと観客に思わせるような作品だ。その絶妙な「隙」がこの映画を特別なものにしている。このキャンプはなかなか離れがたい。観客だけではなく、キャストたちもそうだったのだろう。映画のラストでは指導員たちが10年後に再会を果たすが、現実世界でも公開10周年を記念したイベントでキャストが集結している。更に2015年には映画の前日譚を描く*Netflix*のドラマ・シリーズ『ウェット・ホット・アメリカン・サマー：キャンプ1日目』でオリジナル・キャストが勢揃いした。既に40代になったキャストたちが10年前の自分たちの役であるティーンを演じる姿は、シュールという言葉を超えている。しかし映画の中とはいえ〝特別な夏〟を一緒に過ごした面子は、永遠に仲間なのだ。

そんなノスタルジーからか、夏休み映画をキャリアのスタートに置くアメリカの映画監督は多い。フォークト＝ロバーツ監督の『キング・オブ・サマー』(13)も、「サタデー・ナイト・ライブ」のコリン・ジョストの『スタテン・アイランド・サマー』(15)も、そんな伝統の中にある作品といえるだろう。

ちなみに、ザ・ステイト組も『ウェット・ホット・アメリカン・サマー』の10周年イベントの時に久しぶりに集結して和解。今ではお互いが作る作品を行き来する仲になっている。一緒に劇団を立ち上げてテレビに進出した20代という季節が、彼らにとっては〝特別な夏〟だったのだ。

追記：2017年にはNetflixで更なる続編ドラマ『ウェット・ホット・アメリカン・サマー：あれから10年』が作られ、またもやオリジナル・キャストが集結した。

永遠の少女と大人になってしまう少年の悲しみ――『モールス』(10)

マット・リーヴスの『モールス』はトーマス・アルフレッドソンの『ぼくのエリ　200歳の少女』(08)のリメイクとされているが、リーヴスはこの作品をむしろ「原作の再映画化」としてとらえているという。確かにオリジナルと決定的に違う点がある。

『ぼくのエリ』ではヴァンパイアのエリと少年の交流に絡み合う形で、頻発する謎の事件に翻弄される大人たちのドラマが展開する。リーヴスの『モールス』はそれを排除し、ほぼ全てを主人公であるオーウェンの視点による物語に変えている。『モールス』ではオーウェンの母親も父親もほとんど姿が見えず、声しか聞こえない(チャールズ・シュルツの『ピーナッツ』シリーズに出てくる大人たちのようだ)。当然、オーウェンの孤独も悩みも彼らには理解できない。ヴァンパイアに襲われて物語に関与する大人はみんな同じ集合住宅に住んでいて、オーウェンはヒッチコックの『裏窓』(54)のジェームス・スチュワートのように彼らを望遠鏡で覗き見している。『モールス』は少年の目がとらえられる範囲で語られる、完璧に子供の世界の物語なのだ。

だからクロエ・グレース・モレッツ演じるヴァンパイア、アビーの雰囲気も『ぼくのエリ』

とはだいぶ違う。オリジナルのエリはヴァンパイアになる時に「性」を奪われた倒錯的な存在だった。それに対して、自分は「普通の少女と違う」と何度もつぶやくアビーの方は、男や女という性に分かれる手前で止まった中性的で透明な存在に見える。今のような姿になる前は干し草の匂いがする子供だったのではないかと思わせる、そのノスタルジックな風情と相反するような孤独の影。長い時間を経ても、人の血を糧にしながら生きていくことを苦痛とする感受性がアビーにはある。クロエ・グレース・モレッツの見事な演技だ。

モレッツはマット・リーヴスと共にメアリー・エレン・マークの撮影した80年代のストリート・キッズの写真を見て、アビーの役を構築していったという。後にドキュメンタリー映画『子供たちをよろしく』(84)に発展したメアリー・エレン・マークの作品に出てくる子供たちは、確かにアビーに似たところがある。たったひとりで非情な世界を生き抜いてきたことから刻まれた大人の表情と、鋭い目つき、愛に飢えた少年少女特有の傷つきやすさ。この映画のアビーは大人の社会に組み込まれず、自分たちのルールで生きる永遠のストリート・キッズ、つまりはピーターパンなのである。

思えばクロエ・グレース・モレッツは『キック・アス』(10)でも、普通のティーンエイジャーとはまるで違うルールで生きている、タフで孤独な少女だった。あの映画でアーロン・テイラー・ジョンソン演じる主人公がクロエの「ヒット・ガール」と出会うことによって変わっていくように、『モールス』でもアビーはオーウェン少年の世界を大きく変えていく。演じるコディ・スミット＝マクフィーはデビュー作『ザ・ロード』（09）では母親役のシャーリーズ・セロンに瓜二つの子供だったが、『モールス』では華奢ながら美しい骨格に成長の兆しを感じさせ、思春期の少年らしい姿へと変貌を遂げた。学校でいじめを受け、自分の世界に閉じこもるオーウェンをアビーは解放する。アビーの方もオーウェンの優しさを受けて一時の安らぎを得る。ふたりの愛の象徴が色鮮やかなチューインガムであるところが、アメリカの初恋物語らしくていい。アビーはガムの包み紙にハート・マークを書いてオーウェンに思いを伝える。『モールス』は純粋な子供の愛の物語だ。ヴァンパイアの姿をしたピーターパンがサバービアをネバーランドに変えた。

しかし『モールス』が完璧な「子供の世界の物語」であるとするならば、常にアビーと行動を共にしていた中年男性、トーマスの存在は何なのだろう？

『モールス』でオーウェンの目が届かない場所で展開されるほぼ唯一のドラマといえば、リチャード・ジェンキンズ演じるトーマスの「人狩り」のシーンである。狩りはトーマスにとって、アビーへの献身だ。『ぼくのエリ』では中年男ホーカンに当たる役だが、『モールス』のトーマスは同じようにヴァンパイアに奉仕する存在でありながら、まったく違うバックストーリーがあることが劇中でほのめかされている。オーウェンはアビーの部屋であるものを見つける。

それがアビーとトーマスがかつてどんな関係であったかを物語っていた。ホーカンは小児性愛者であることを利用されてエリに従事するようになった。トーマスは違う。彼がアビーに捧げる愛は、オーウェンがアビーに注ぐのと同じ少年の一途な思いなのだ。

トーマスの犯罪が世間の目に晒されることは、彼が社会と関わりを持ってしまうこと、子供の世界を逸脱することを意味している。トーマスはアビーと同じ世界で生きていけなくなったと悟った時、もう別れを覚悟している。「ピーターパン」では、大人になったウェンディは二度とネバーランドに行けなかった。『モールス』では大人になってしまうのは少年の方で、アビーは永遠の幼年期をさまよい続ける運命だ。子供であり続けることの孤独と大人になってしまう悲しみが交錯するアビーとトーマスの別れのシーンによって、儚い喜びに包まれたこの映画のラストはより甘美に、より悲痛に、見る人の胸に刻まれるのだ。

新たな青春映画のスタンダード――『きっと、星のせいじゃない。』(14)

1980年代、アメリカの青春映画のスタンダードを作った映画監督がいました。ジョン・ヒューズです。彼は監督作である『すてきな片想い』(84)『ブレックファスト・クラブ』(85)、そして脚本を手がけた『プリティ・イン・ピンク』(86)等に、続けざまに同じ俳優たちを起用します。モリー・リングウォルドやアンソニー・マイケル・ホールといった俳優たちはヒューズの代弁者となり、同世代の全てのティーンの大事な同級生となったのです。更には時代を超えてアメリカの思春期を象徴する存在になりました。

『きっと、星のせいじゃない。』を見て、私はこの作品は新たな青春映画のスタンダードになるだろう、という感慨を受けました。

この映画はジョン・グリーンの『さよならを待つふたりのために』(岩波書店)を原作としています。中高生向けの、いわゆる「ヤング・アダルト」と呼ばれるジャンルに属する小説ですが、世代の垣根を超えて大ベストセラーとなりました。難病のティーンを主人公にした作品と聞いて人々が予想するような涙の物語ではなく、力強く、ユーモアのある主人公たちの自然でリアルなストーリーに多くの読者がシンパシーを抱いたのです。

そんな風に愛された小説のヒロインを演じるのは難しいものですが、ヘイゼルを演じたシェイリーン・ウッドリーは見事です。末期ガン患者でどこに行くにも酸素ボンベが必要だけど、一方でテレビのリアリティ・ショー（『アメリカズ・ネクスト・トップ・モデル』の大ファン！）に目がなくて、ショート・メッセージ・サービスでの会話に夢中で、家族との食事中もスマート・フォンを手放さない女の子。尊敬する作家に裏切られたら、はっきりと彼への失望を伝えることができる強い少女。ヘイゼルというキャラクターの持っている複雑さや皮肉なところ、タフでチャーミングな性格をシェイリーンは全身で表現しています。彼女はただ演じているのではなく、その役を「生きている」と感じさせてくれるのです。かつてモリー・リングウォルドが不機嫌な10代の少女のシンボルであったように、この映画でシェイリーン・ウッドリーという女優は、２０１０年代を代表するような青春映画のアイコンになったのです。

彼女と恋に落ち、自分らしく病気と闘っていくオーガスタスを演じるアンセル・エルゴートや、その親友アイザックに扮したナット・ウルフにも同じことがいえます。病気という辛い現実を生きるフィクションの登場人物たちというよりも、観客は彼らのことをとても身近な、よく知っている友人のように感じるのではないでしょうか。だからこそ、彼らの感じる痛みや悲しみ、喜びも真摯に伝わってくる。

この俳優たちのアンサンブルと脚本や演出との相性の良さには、秘密があります。ジョン・グリーンの小説を脚色したスコット・ノイスタッターとマイケル・H・ウェバーは『（500）日のサマー』（09）の脚本チームとして有名ですが、彼らはシェイリーン・ウッドリー主演でもう一本、やはりヤング・アダルト・ノヴェルを原作とした青春映画『いま、輝くときに』（13）も手がけているのです。シェイリーンはこの作品では、マット・テイラー扮する、いい加減でアルコール依存症気味の主人公を導く真面目な少女を演じています。この作品で深い友情が生まれ、マット・テイラーはシェイリーン主演の『ダイバージェント』（14）に彼女の希望で出演しています。その『ダイバージェント』でシェイリーン演じるトリスの兄を演じたのが、アンセル・エルゴートです。

かつてのジョン・ヒューズ組にも似た、２０１０年代の青春映画をめぐる「ファミリー」の系図が見えてきます。『きっと、星のせいじゃない。』に出演したナット・ウルフは、ジョン・グリーンとノイスタッター&ウェバーの信頼を得て、グリーンのもうひとつの代表作『ペーパータウン』（15）の映画化に主演が決まっています。現在のティーンたちは、自分たちを託すことができる同世代の俳優たちのグループと、彼らの物語を紡いでくれる映画作家たちを手にいれたのです。映画の若い観客にとって、こんなに素敵なことはありません。もちろん、大人の観客にとっても嬉しいことです。『さよならを待つふたりのために』が大人の読者にも愛されたように、この映画も幅広い世代の観客の心をとらえることでしょう。

ところで、ジョン・ヒューズの映画といえば、『プリティ・イン・ピンク』のプロム・シーンが有名です。アメリカの高校で学年末に開かれるこのパーティは、特に卒業を控えた最終学年の生徒たちにとって大事な儀式です。『きっと、星のせいじゃない。』の主人公たちは、学校に通うのも難しかったことを考えると、プロムには行けなかったでしょう。しかし、映画ではオーガスタスがヘイゼルのためにリムジンを借りて、まるでプロムに行くように彼女をアムステルダムにエスコートします。これは原作にはない、映画のオリジナル・シーンです。アメリカの青春映画の伝統が、こんな形で生きていることに感動しました。

ねえ、暗闇の中にいる君

文学や映画もそうですけど、ポップ・ミュージックにおける名曲というのも不動ではなくて、絶えず変化していくものなんですね。映画のサントラに使われたり、新しいミュージシャンが引用したりして、意外な曲が浮上してくる。それが面白い。

ピンク・フロイドの「ヘイ・ユー」。この間、『デュー・デート』(10)というコメディ映画を見ていたらこの曲がかかっていて、ああ、今『ザ・ウォール』から一曲選ぶとすればこの曲なんだなと思いました。「アナザー・ブリック・イン・ザ・ウォール」じゃなくて。80年代の終わりを舞台にした『イカとクジラ』(05)でこの曲が上手に使われていて、それ以降の傾向なんでしょうね。あの映画ではジェシー・アイゼンバーグが演じる高校生がピンク・フロイドのファンで、学芸会でオリジナルと偽って「ヘイ・ユー」をパクって後で怒られるんだけど、これってすごく正しい選曲だと思いました。もちろん、80年代終わりの高校生が聞く音楽としては、ピンク・フロイドは少し古い、リアルタイムではない訳です。でも、主人公の両親は大学教授兼作家という設定で、団塊世代のインテリ両親のレコード・コレクションに『ザ・ウォール』はぴったり。あの映画で両親は『ザ・ウォール』を知らないという話になっていましたけれど。

私は『イカとクジラ』の監督、ノア・バームバックと同い年なんですけど、中学の同級生や先輩にはピンク・フロイドのファンは少なくなかった。ビートルズの青盤・赤盤と並んで、ちょうど若い頃にロックを聴きはじめた親の世代がかならず持っているレコードの一枚だったんでしょうね。私も洋楽を聴きだした頃、親の棚から自分の棚に移した何枚かのレコード、ビートルズやドアーズ、ジャニス・ジョプリンといったラインナップの中にピンク・フロイドがありました。恥ずかしいけれど、中学一年生の時、最初にお小遣いで買った洋楽のアルバムは『ファイナル・カット』でした。ちょうどその頃、アラン・パーカーが監督した映画版『ピンク・フロイド　ザ・ウォール』(82)が日本でも公開されて、母と一緒に新宿の映画館に見に行ったのを覚えています。

『イカとクジラ』はノア・バームバックの自伝的な映画で、主人公の両親が離婚するところで始まるのですが、彼が自然史博物館に巨大なイカの模型を見に行く映画のラストを見て不思議な気持ちになったものです。私も16歳で両親が離婚した頃、ひとりで上野の科学博物館にティラノサウルスの骨格標本を見に行ったことがあるので。あの頃、両親に離婚されたティーンエイジャーたちはみんな博物館で何かを見上げていたのでしょうか。こんな話をしたからには、「ヘイ・ユー」をかけない訳にはいけません。

映画の中のティーンエイジャーのお部屋

私は映画を見る時はかならずメモを取るようにしています。試写室や映画館の暗闇の中で私のボールペンが火を噴くのは、映画の中にティーンエイジャーの部屋が登場する時です。一体、彼／彼女はどんなポスターを壁に飾っているのか。デスクやドレッサーの上に何を置いているのか、本棚やレコード棚は？　子供部屋、特にティーンに差しかかった少年少女の部屋というものは、家族が住む家においても独自の世界観を持つ小宇宙です。彼らの関心事や不安がベッドの周囲を取り巻く小物からだだ漏れしていて、心の内を覗いているかのよう。

カラフルな壁紙をバナーやお気に入りのポスター、ポストカード、雑誌の切り抜きで埋め尽くした部屋で、少年少女がベッドの上で飛びはねたり、エアギターに興じたり、床の上に手持ちの服をぶちまけて「何を着ていいのか分からない！」と頭を抱えたりするシーンが一つでもあれば、私はその映画を愛せます。だからディテールの全てを書き留めようと必死でメモを取り、その結果、ぐしゃぐしゃの文字が重なり合って努力が水の泡になることも多々あったのですが……なんと、タンブラーで *Teenage Bedrooms on Screen* というページを発見！　古今東西の映画に登場するティーンの部屋のディテールがキャプチャーされてアップされているではありませんか！　見つけた瞬間「ベスト・タンブラー・エヴァアアア!!」とそれこそティーンのように叫んでノート・パソコンの前でガッツ・ポーズをとってしまいました。

話題沸騰のこのタンブラー・ページを作成しているのは、ロサンゼルスの映画ライターのルーク・グッドセル。

「ティーンエイジャーの部屋は、この世界で彼らが全てをコントロールできる唯一の空間だ。ティーンたちは本当にどこかに旅立つまで、ここで耐え忍ぶんだよ」という彼の言葉は胸にくるものがあります。

タンブラーにはみんなが大好きな『クルーレス』(95)や『プリティ・イン・ピンク』(86)といった定番ティーン映画の部屋だけではなく、ヨーロッパ映画やクラシック等、意外な作品に登場するティーンの部屋も取り上げられています。日本映画からはなんと、1973年の東映映画『恐怖女子高校　暴行リンチ教室』が登場！　よく見つけてきたなあ。部屋の真ん中にあるコタツやティーン女子が部屋着でドテラを着ているところなんかが、外国人には新鮮に映るのかもしれません。

こんな風に映画の中のティーンの部屋がずらりと並ぶ様子を見ると、そこに自分自身の部屋が入っていないのが不思議な気持ちになります。好きだったミュージシャンのポスターを壁に貼ったり、お洒落だと信じてデスクの前にモノクロ写真のポストカードをピンで留めていた頃が懐かしい。あの頃は、いつかここから出て本当の自分の居場所を探すのだと思っていました。でも大人になった今、私が帰るのは自分の心の内にある「ティーンエイジャーだった頃の自分の部屋」なのです。

正統派ビーチ映画としての『スプリング・ブレイカーズ』

――『スプリング・ブレイカーズ』(13)

2013年4月、アネット・フニチェロが亡くなった。50年代にディズニー制作のテレビ・バラエティ『ミッキー・マウス・クラブ』で活躍し、60年代にはフランキー・アヴァロンと南カリフォルニアの海岸を舞台にした一連の「ビーチ・パーティ」映画のビキニ姿で一世を風靡した元祖ディズニー・アイドルである。

彼女が亡くなった年にハーモニー・コリン監督の『スプリング・ブレイカーズ』が公開されたことは感慨深い。なぜならこの映画は、現ディズニー・アイドルのヴァネッサ・ハジェンスとセリーナ・ゴメスが主演するビーチ映画の最新版だからである。

ビーチでEDMにのってビキニの胸をはだけて踊り、酒を飲んでマリファナを吸う『スプリング・ブレイカーズ』の女子大生たちを見て、アネットのように能天気なアイドルと比べるのは間違いだと思う人もいるかもしれない。しかし60年代、結婚前の娘がビーチで半裸の男たちとビキニで戯れることは、充分〝破廉恥〟だった。ハジェンスとゴメスは先輩と同じ道を歩んでいるのだ。

また『スプリング・ブレイカーズ』はもう一本のビーチ映画クラシックに内容が酷似している。『ボーイハント』(61)だ。出演者でもあるコニー・フランシスが歌う主題歌が有名なこの映画は、北部の女子大生たちが春休み、恋と自由を求めてフロリダに行くというストーリーで『スプリング・ブレイカーズ』とまったく同じなのである。彼女たちがフロリダに着くと、ビーチも街も大学生の男女ばかりで、足の踏み場もなく、浜から海さえ見えない。羽目を外して過激なパーティを開く大学生たちを取り押さえようと、警察も大挙して出動する。

今では『ボーイハント』はフェミニズム的な文脈において、古いモラルに縛られた問題のある作品として取り上げられることが多い。主人公の少女のひとり、メラニーはアイビー・リーグの大学生を騙る男子たちに夢中になるが、彼らにレイプされてしまう。幸せになるのは、地元のお金持ちの息子にアプローチをかけられても最後まで体を許さなかった主人公のメリットである。このヒロインを演じたドロレス・ハートは後に修道女となり、ハリウッドを去った。

『スプリング・ブレイカーズ』では、どうだろう。マリファナの不法所持でビキニ姿のまま警察に拘留された後、ギャングのエイリアン(ジェームズ・フランコ)に誘われた少女たちにハーモニー・コリンは選択肢を残している。教会の活動に熱心なフェイス(セリーナ・ゴメス)はメリットの系譜にあるヒロインだろう。「自分の居場所を見つけた気がする」と言って、誰よりもフロリダの春休みを愛したフェイスは、早々とその地を去っていく。残された友だちは少女強盗団となって街を荒らし、地元ギャングの抗争に巻き込まれていくが、現在のビーチ映画は少女たちに「お仕置き」を用意していない。

ハーモニー・コリンの意図はどうであれ、「春休みよ、永遠に」と願う少女たちの思いによって、この作品はビーチ映画の歴史にしっかりと組み込まれている。革新のように見えて、伝統的な映画なのだ。

ジョン・ヒューズの「1958年の夏休み」

「*Zoetrope All-story*」といえばフランシス・フォード・コッポラが主宰する文芸誌。*DEVO*のマーク・マザーズボウが誌面デザインとイラストを担当している2008年8月号は永久保存版である。

なぜって、ジョン・ヒューズが雑誌「*National Lampoon*」に1979年に発表したユーモア小説「1958年の夏休み（*Vacation '58*）」が収録されているからだ。しかも本人の解説付きで！　どんなコネを使って、引退状態にある現在のヒューズから原稿をもらったのだろう？

「1958年の夏休み」はシカゴから車で大陸を横断して、ロサンゼルスのディズニーランドに行こうとする一家の物語である。そう、ジョン・ヒューズの脚本家デビュー作『ナショナル・ランプーン／ホリデーロード4000キロ』（83）の基になった短編だ。

映画版では設定は現在に置き換えられ、ディズニーランドは「ワリーワールド」という名の架空の遊園地になっていた。そしてラストはハッピー・エンドだった。

ヒューズ本人の解説によると、オリジナルのエンディングがテスト試写であまりに評判が悪かったため、脚本を書き直して追加撮影したのだという。

「これが僕の書いた最初のハッピー・エンドとなった」

そう、オリジナル短編の結末はもっとブラックだ。

小説の方は、映画版でアンソニー・マイケル・ホールが演じていた長男を語り部としていて、こんな書き出しで始まる。

「パパがウォルト・ディズニーの足を拳銃で撃ったりしなければ、今年は最高の夏休みだった!」

主人公一家の旅はどこまでも悲惨だ。アメリカのハイウェイ旅行の都市伝説として語られるような最悪の事態が、ドミノ倒しのように襲ってくる。

「郊外の中産階級の闇はドラッグや新興宗教、変態的な性生活ではなく、絶望にある」というヒューズの解説にある通り、「1958年の夏休み」は普通の父親が狂っていく様相をドライに、ユーモラスに描いた怖い小説だ。郊外や50年代のディズニーランドが象徴するアメリカの保守的な美しきを笑い飛ばすような痛快な作品で、私はところどころ声に出して笑った。さすがジョン・ヒューズ! 初期作品から上手い! 『リトル・ミス・サンシャイン』(06)は『ホリデーロード4000キロ』の大きな影響下にある。

ジョン・ヒューズは今もオリジナルの結末の方が気に入っているというが、映画版の改変によって彼は思わぬ恩恵を受けた。追加の撮影によってジョン・ヒューズは親友となる俳優ジョン・キャンディと出会ったのだ。

追記：「*Zoetrope All-story*」に書いたこの解説が、ジョン・ヒューズ生前の最後の公式な仕事となった。*John Hughes*（1950-2009）.

奇妙な救世主、カットニス・エバンディーン
――『ハンガー・ゲーム　FINAL：レボリューション』(15)

最近の小説や映画におけるヒーローのなかで、『ハンガー・ゲーム』のカットニス・エバンディーンほど、ヒーローらしからぬヒーローもいないだろう。

巨大な力でパネムという国家を支配するキャピトルの独裁者に立ち向かう彼女が、わずか17歳の少女ということだけではない。カットニスというキャラクターは、本来ならばこうした物語で集団を統率する人物に必要な資質に欠けているのだ。むしろ、ヒーロー的なものと相反する人物に見える。

『ハンガー・ゲーム』の世界で、カットニスはパネムの中でも貧しい12区出身だ。物語上の設定ではパネムになる前、かつての北アメリカのアパラチア山脈の周辺に当たる地域である。カットニスがアパラチア出身であることは、彼女が歌って、反乱軍と共に戦う人たちに広まる「首吊りの木」の歌からも明らかだ。この歌はアパラチアの多くの人がルーツを持つアイルランド／スコットランド由来のフォーク・バラッドである。労働者階級の名もなき少女。ハン

ガー・ゲームの勝者として注目され、反乱軍のシンボルとして担ぎ出されるようになってからも、彼女のアイデンティティは常にそこにある。

カットニスを演じるジェニファー・ローレンスは出世作『ウィンターズ・ボーン』(10)で、ミズーリ州オザーク高原に暮らすヒルビリーの少女を演じていた。ヒルビリーとは、アパラチア山脈付近で暮らす貧しいアイルランド系の白人のことである。この映画で厳しい自然に囲まれ、貧しさにあえぎ、大人に頼れずにたったひとりで妹と弟を守るために孤軍奮闘するアパラチアのヒロイン、リーはカットニスと通じるものがある。自分を取り囲む世界を支配する恐ろしいルールに則って戦い、どうにか生き延びる少女に相応しい佇まい。ジェニファー・ローレンスという女優の存在感なしには『ハンガー・ゲーム』の映画の成功はありえなかっただろう。それでいて彼女の演じるカットニスは、虐げられた貧困層の少女としてのリアリティがある。

彼女は犠牲者ではなく、あくまでもヒーローなのだ。

カットニスは個人主義者だ。ハンガー・ゲームに参加する前、彼女は森でひとり、禁じられた狩りをして家族のために動物の肉を調達してくるような少女だった。大自然と対峙する、独立心旺盛な森の少女としてのカットニスはアクション物の主人公というよりも、アメリカの少女小説のヒロインの系譜にある。カットニスの暮らしぶりは、20世紀初頭にジーン・ポーターが書いた少女小説『リンバロストの乙女』の主人公、父親を亡くし、母親にも頼れず、インディアナ州の北西部の森で珍しい蝶を採集して学費を賄うエレノアを彷彿とさせる。

ひとりで狩りをしていた少女としては当然のことだが、カットニスは集団行動が苦手で、かつ直情型だ。だから、大きな群れの中に組み入れられると、反抗して暴れる。キャピトルから反乱軍にさらわれるようにして脱出し、アルマ・コイン首相が軍を率いる13区に移ってからも、彼女はたびたび幹部と衝突する。しかし、カットニスは決して酷薄なエゴイストではない。彼女がキャピトルと戦うのは大義名分のためではなく、彼女の身近な人々のため、虐げられた仲間たちと家族のためだ。カットニスがハンガー・ゲームに自ら志願したのも、抽選で選ばれた妹プリムローズの身代わりになるためであった。集団に与しようとしないその姿勢は、キャピトルのスノー大統領だけではなく、コインも恐れさせる。人々を上から統率するシステムは、強い個人の意思を持て余すものだ。それはキャピトルであっても、反乱軍であっても、変わらない。

しかし、強いリーダーが上から人々を押さえつける社会の構造こそが、ハンガー・ゲームという残酷な祭典を生み出したのではないか。集団を維持するために個人を犠牲にする、その象徴がハンガー・ゲームだったのではないか。そのゲームの意義を揺るがしたカットニスが、反乱軍においても危険視されるのは仕方がないことなのである。大きな組織に同じような力で対抗しようとすれば、また別の抑圧のシステムを生み出すことになる。カットニスは本能的にそれを知っている。そして人々もそのことに気がついているからこそ、彼女に心を寄せる。そのカリスマ性を無視できなかった反乱軍は、彼女をジャンヌ・ダルクのような戦いのシンボルにしようとする。プロモーション映像に登場して演説し、人々を煽り立てる存在である。前作『ハンガー・ゲーム FINAL：レジスタンス』(14)のカットニスの姿は、19世紀のフランス七月革命を題材としたドラクロワの絵画「民衆を導く自由の女神」のようであった。

戦いのシンボルに祭り上げられた少女の行く末はいつも悲しい。私たちはジャンヌ・ダルクの末路を知っている。今回、カットニスはこれまで以上に肉体も精神も痛めつけられ、深い絶望に対峙することになる。反乱軍に象徴として使われたカットニスは、ある意味、キャピトルでハンガー・ゲームに興じた時と同じく、一種の生贄なのだ。

しかし、集団のために少年少女が犠牲になることを許さなかったヒーローは、報われなくてはならないだろう。『ハンガー・ゲーム FINAL：レボリューション』は、戦ってきたカットニスにふさわしい結末を用意してくれるだろうか？

スモールタウンのアメリカ的なイノセンス
――『マンチェスター・バイ・ザ・シー』(16)

最初、『マンチェスター・バイ・ザ・シー』という邦題を見た時、どうして「海沿いの街マンチェスター」にしなかったのだろうと不思議に思った。実は「バイ・ザ・シー」まで含む全てが街の名前だったのだ。ここはマサチューセッツ州の北部にある小さな都市で、もともとはマンチェスターという名前だったが、ニューハンプシャー州にあるもっと大きな都市のマンチェスターと紛らわしいので、1989年にマンチェスター・バイ・ザ・シーと改名したらしい。マンチェスター・バイ・ザ・シーの経済を長らく支えてきたのは漁業だったが、19世紀になるとボストンの都市部に住む人々が、夏の別荘を構えるリゾート・タウンになった。

ブルー・グレイの海に浮かぶ漁船と、厚い雲に覆われた空を横切っていくカモメたち。映画の中のマンチェスター・バイ・ザ・シーは季節のせいか、別荘地の華やかさはない。よそ者など受け付けない小さなコミュニティといった感じだが、映画の原案者であるマット・デイモンとジョン・クラシンスキーにとっては、馴染みのある土地なのだろう。デイモンとクラシンスキーはそれぞれ、ケンブリッジとニュートンというボストン郊外の街で育っている。彼らがマンチェスター・バイ・ザ・シーのような小さな街を舞台に選んだところに、地元への愛を感じる。

マット・デイモンの親友であり、この映画の主演ケイシー・アフレックの兄であるベン・アフレックもボストン出身の作家デニス・ルヘインの小説を二本も映画化しているし、デイモンとアフレックの脚本作で、共に俳優としてのブレイク作となった『グッド・ウィル・ハンティング』(97)もマサチューセッツのケンブリッジが舞台だった。この映画にはケイシーも出演している。彼らの郷土愛と映画は切っても切り離せないものだ。

この街で繰り広げられるのは、市井の人々の物語だ。華やかさは一切なく、静謐で、淡々としている。しかし、普通の人々のありふれた日常の中にドラマが隠されている。時の経過と共に色褪せ、傷ついていく絆があり、後悔があり、悲しみがある。『マンチェスター・バイ・ザ・シー』という映画には、スモールタウンを舞台にした良質なアメリカ文学の匂いがある。家族を中心にしたストーリーだからなのかもしれない。現代アメリカ文学にとって、「機能不全の家族」はもはや神話的な題材なのだ。父親や母親という役割を演じられなくなった両親たち。人生の先が見えず、大人になれない子供たち。バラバラになりながらも、まだ家族という「いつか帰る場所」に引き戻されていくという筋書きの小説の何と多いことか。

家族のドラマはアメリカのどこにでもあるが、『マンチェスター・バイ・ザ・シー』を見て、私が思い出したのはエリザベス・ストラウトの『オリーヴ・キタリッジの静かな生活』(早川書房)だった。自分の過失により家族を失った男が贖罪を求めてあがく姿をどこまでも静かなトーンで描いたこの映画と、メイン州の地方都市を舞台としたストラウトの連作短編集には様々な共通点が見て取れる。決して親切とはいえない中学教師のオリーヴと小さな薬局を営むヘンリーのキタリッジ夫妻を中心とした連作短編には、悪人とも善人ともいえない男女が数多く登場する。誰もがありきたりな人生をおくり、誰にも取り返しのつかない失敗があり、内に秘めたドラマがある。その中心にそれぞれの家族がある。

そういえば、マンチェスター・バイ・ザ・シー出身の作家、スーザン・マイノットのデビュー作『モンキーズ』(新潮社)もまた、淡々としたトーンで家族のドラマを描いた連作短編集であった。話を大げさに盛り立てるようなことはしないし、安易な救済もない。登場人物は傷つきながらも、平凡な日々を重ねて生きていくしかないのだ。ひょっとしたら、こういうのがニュー・イングランドの気質なのだろうか。ニュー・イングランドはボストンを中心都市とするアメリカ北東部六州からなる地方のことだ。メイン州も、そして当然ながらマサチューセッツ州もここに含まれる。

映画の主人公であるリーが追われるようにマンチェスター・バイ・ザ・シーを出て、行き着く都会は当然のようにボストンだ。もっと遠くに逃げることもできたかもしれないのに、故郷から一時間ほど離れた都会に彼はとどまったのである。リーの兄であるジョーも、もし弟が出て行った先が別の州であり、北東部ではなかったら、遺言書で自分の息子パトリックの後見人に彼を指名することもなく、家族の再生を諦めたかもしれない。ジョーは故郷の海から離れない弟の中に、希望を見たのかもしれない。

リーだけではなく、ジョーの家庭もまた崩壊している。それでも家族の絆を信じるジョーを演じるカイル・チャンドラーの演技が素晴らしい。出演時間は少ないが、主演のケイシー・アフレックやパトリック役のルーカス・ヘッジズに負けない存在感がある。

兄の遺言によって、リーの犯した罪が贖われる訳ではない。責められるよりも、赦されることの方が辛い男の人生はこれからもきっと厳しい。それでも、リーと甥のパトリックの交流の中には雪解けのような瞬間がある。無骨で寡黙な中にある、小さな光をすくい取るような繊細さ。そこにアメリカ的なイノセンスが息づいている。

フィクションとノンフィクションの境目――『アメリカン・アニマルズ』(18)

「*Based on a True Story*(事実に基づく物語)」。実際の事件や実在の人物を題材にした映画の冒頭に冠されるこの言葉をタイトルにした本を、私は一冊持っている。『タイタニック』(97)や『乙女の祈り』(94)といった〝事実に基づく物語〟の映画がいかに現実と違うか検証した本である。〝事実〟と〝事実に基づく物語〟の間には大抵、隔たりがある。監督や脚本家が実際の出来事に見いだしたテーマや、各スタッフの解釈や、マーケティングや、映画会社の事情やキャスティング、様々な要因によって物語は現実の地平から離れていく。

最近では誰もが題材となった出来事や人物の情報を入手しやすくなったことも手伝って、そうした〝事実に基づく〟映画の作り方はだいぶ変わってきた。事件の概要や特定の人物のプロフィールを使って、勝手に話を創造することは難しくなってきている。目立つのは、映画のモデルとなった人物や事件の写真や動画をエンド・ロールに持ってくる手法だ。それによって観客は、今まで見てきた〝事実に基づく物語〟がいかに〝本当らしく〟できているか確認するのである。

誰でも情報にアクセスできる時代であり、コンプライアンスの時代である現代、〝事実に基づく物語〟の映画を作ることはクリエイターたちの不自由を意味するのだろうか？　バート・レイトンの撮った『アメリカン・アニマルズ』はそんな問題を突き抜けている。興味深い事件があって、その事件に関わっている当事者とコンタクトできるのなら、彼らの口から語られる物語をそのまま映画の俎上に載せればいい。『アメリカン・アニマルズ』では〝事実に基づく物語〟と〝事実〟は同じ地平にある。俳優たちによって演じられる物語と、２００４年の事件の当事者たちの証言が並列して語られていく。驚くべきことに、事件を起こした四人の青年はみんな俳優並みにチャーミングだ。首謀者のウォーレン・リプカを演じるエヴァン・ピーターズは若き日のマルコム・マクダウェルを思わせる俳優だが、実際のリプカも負けていない。彼がサービス精神たっぷりに狂気じみた目をしてみせると、カリスマ性が瞬く。リプカに引っ張られるように犯罪計画にのめり込んでいくスペンサー・ラインハードはイノセントな風情の美青年で、彼に扮した俳優のバリー・コーガンの方がむしろリアルな大学生に見えるほどだ。

リプカ演じるピーターズが演技の途中で、助手席に座ったリプカに「これは君が覚えている通りか？」と聞くシーンや、バリー・コーガンが演じるかつての自分が乗った車を呆然と見送るラインハード。映画の中にはフィクションとノンフィクションの境目が消える、スリリングな場面がいくつもある。

トランシルヴァニア大学から稀覯本を盗み出そうとした四人の大学生の事件は、言ってみれば映画の題材に打ってつけの〝おいしい話〟だ。行き当たりばったりの計画で泥沼にはまっていく愚かな若者たちを主人公にした物語は、悲劇にも喜劇にもアダプト可能である。郊外の中産階級の甘やかされた男子たちの欺瞞や、青春の刹那を求める若さ故の過ち。一発逆転を夢見た者のヒロイズム、努力しても報われない不況時代の閉塞感が生んだ絶望的な行為。『アメリカン・アニマルズ』は現実から想定しうる、そうした物語を全て捨てたのだ。なぜなら、そんなのは陳腐だから。なぜなら、あの出来事が何を意味するのか首謀者の四人にも未だに分からないから。

衝動に駆られて犯罪に手を染めたものの、その経験の先に見えるはずだったものを彼らは何も見ていないのだ。取り返しのつかないことをして何か失い、代わりに何かを得たはずなのに。だから映画は分からないままに事件を起こし、分からないままでいる彼らをそのまま提示することに決めた。

四人が盗んだオーデュボンの画集の鳥はどこにも飛び立たない。アトリエにしているガレージのシャッターを上げて、ラインハードが見つめる夕闇。それだけが映画の彼らと観客の私たちが手にできる確かなものであり、その小さな感傷の輝きが物語なき真実を包んでいる。

ループする思春期——『ヤング≒アダルト』(11)

全ての旅には目的があるはず。でも『ヤング≒アダルト』のヒロイン、メイビスの旅は違う。彼女はミネアポリスから故郷のミネソタの町に帰る時、昔の恋人がくれたミックス・テープをずっと聴いている。しかも何度も何度も、ティーンエイジ・ファンクラブの「*The Concept*」一曲のみを繰り返し流している。カセットの中でいくども巻き戻されていくテープ、これがこのヒロインの旅である。どこにもたどり着かない、無限ループの旅。メイビスは永遠の思春期を生きているのだ。

彼女が思春期の囚われ人であることは、メイビスの職業からして明らかである。彼女はヤング・アダルトのシリーズ小説のライターだが、表紙にメイビスの名前はクレジットされていない。日本語版の解説だと「ゴースト・ライター」ということになっているが、ちょっと違う。アメリカではティーン向きのライトな小説≒ヤング・アダルトがヒットすると、多くの場合、その作品はシリーズ化する。時には主人公を取り巻く風俗や小道具などをアップデイトしつつ、十年、二十年に渡って続く場合もある。そこまでくると、そのシリーズは完璧にオリジナルの作者の手を離れ、設定だけを借りて複数のライターが書き継いでいくことになるのだ。作品のフランチャイズ化である。メイビスはそういうヤング・アダルト・シリーズのライターなのだ。ヤング・アダルトの表紙に作者として載るのは、オリジナルの「クリエイター」だけなので、メイビスの名前は表紙の見返しに小さく表記されるのみである。

何年も続くヤング・アダルトの小説世界では、主人公たちはいつまでも若い。永遠のハイスクール・ライフを生きている。メイビスも同じだ。彼女は美人の人気者だった田舎の高校生活がただ忘れられないのではない。今もそこに生きているのだ。それが、何もかも諦めて大人になった昔の恋人や同級生たちには理解できない。かつてのプロム・クィーンは〝痛い〟大人子供になって彼らの目の前に現れる。彼女の精神状況を理解できるのはたったひとり、高校時代は負け組だったマットだけである。彼もまた、メイビスとは違う理由で高校時代に足止めされていて、10代の生活を継続せざるをえない身だからだ。

誰もいない校舎にふたりだけが残されたかのような状況の中で、メイビスは高校時代は目もくれなかったマットと邂逅する。ふたりは学園のヒエラルキーを超えて、初めてお互いを見いだす。主人公たちは全員30代後半だが、これは学園映画である。共にジョン・ヒューズの熱烈な信奉者である監督のジェイソン・ライトマンと脚本家のディアブロ・コーディらしいビター・スウィートな青春の物語だ。ただ苦味の方が強いのは、このめぐり逢いがメイビスに何の変化ももたらさない点だ。なぜなら最初から開示されている通り、これは「成長」という過程を経てどこかにたどり着く旅を描いた映画ではないのだから。

大人になれない世代のための、新しい青春映画
――『ヤング・アダルト・ニューヨーク』(15)

「あなたは〝ヒップスター〟ですか？」

『ヤング・アダルト・ニューヨーク』のクライマックス、アダム・ドライバーが演じるジェイミーにとある人物がそう尋ねる（日本語字幕では〝お洒落〟になっている）。

「人並みにジーンズはタイトだね」とジェイミーは答えるが、この映画で描かれている彼とその妻のダービーの姿は、まさしく現代のブルックリンに生きるヒップスターそのものだ。

ヒップスターとは何か。「新しもの好き」を意味する*Hipster*という言葉に、ジェイミーとダービーのレトロなライフ・スタイルは一見するとそぐわないように見える。彼らは音楽をアナログ・レコードで聞く。VHSテープで映画を見て、オーガニックのアイスクリームを手作りし、自転車に乗り、古風なフェドラ（帽子）をかぶる。そんなファッションや生活様式こそ、今の20代には「新しいもの」なのである。ニューヨークのブルックリン、特にジェイミーたちが暮らす旧倉庫街のブシュウィックやお洒落なウィリアムズバーグは、そんな若者たちのメッカ

になっている。

40代のジョシュとコーネリアの目から見ても、そんな彼らのスタイルはまぶしくフレッシュなものに映る。ヒップスターの生き方は、最先端テクノロジーを駆使したメインストリームの文化に背を向けたインディ志向の現れであり、そのインディ的な姿勢は90年代に20代だった彼らの世代にも理解できるものなのだ。その姿勢を崩さずに今まできてしまったジョシュは、彼らの上の世代であるコーネリアの父のような成功を手にすることはできない。同世代の親友夫婦は子供の出産を機に大人になろうとしているが、子供のいない人生を選んだジョシュとコーネリアは階段を上り損ね、むしろ若い世代に寄り添おうとする。その結果、自分たちが若くないことを悟るのだ。

ジョシュとジェイミーの関係性は残酷だが、「インディであること」を選び取った40代と、あらかじめ様々な可能性を奪われて他に選択肢がない20代の感覚は大きく違う。インディ・ベースで映画を作り続けてきたノア・バームバック自身にも思い当たることがあるのかもしれない。彼のデビュー当時はインディの映画作家たちは大手のスタジオ傘下の制作会社やスポンサーの協力を得て、アーティスト性を守りながら中規模の成功を手にすることができたが、現在の若手は一切を自分たちで賄わなければいけない。新しいインディのビジネス・モデルを築いた俳優／映画作家であり、バームバックの映画にも出演経験があるマーク・デュプラスはそれを

「インディ映画における中産階級の死」と呼んだ。上昇志向とは無縁に見えたジェイミーが実はハングリーなのも、無理はないのだ。バームバックの新しいミューズであり、パートナーであるグレタ・ガーウィグは、デュプラスと同じ世代に属して一緒に映画を作ってきた仲だ。バームバックもガーウィグを通じてそういう新世代との邂逅があった。

大学を卒業してもモラトリアム状態から抜け出そうとしない若者たちを描いた『彼女と僕のいた場所』(95)で長編映画デビューした時、ノア・バームバックはまだ24歳だった。「どこに行っても僕が一番若くて、年齢を言うとため息をつかれた」と彼はインタビューで語っている。ところが、ある時から年齢を聞かれなくなった。自分の母校であるヴァッサー大学をロケ地として使い、自分自身のような青年を主人公に映画を撮っていたノア・バームバックも、映画の中のジョシュと同じく40代となった。しかし、年を経ても変わらないこともある。彼が相変わらず自分の人生を基に映画を撮っているという点だ。

それがフィクションであっても、彼の映画はどこか私小説的だ。80年代のブルックリンを舞台にインテリ家庭の離婚を描いた『イカとクジラ』(05)。エキセントリックな母親の行動を追った『マーゴット・ウェディング』(07)。いずれも彼自身の家族の思い出をベースとした作品である。ニューヨーク育ちであるが故に車の免許がなくてハリウッドの生活に苦労した経験は『グリーンバーグ』(10)に活かされている。

しかし、ハリウッドからニューヨークに戻ってきて、デジタル・カメラで軽やかに撮った『フランシス・ハ』(13)から、彼の作風に変化が見られるようになった。大人になれない世代の中年期を描いた『ヤング・アダルト・ニューヨーク』もほろ苦いが、その視線は優しい。若者たちに無理してついていき、同世代の友だちからは爪弾きにあったような感覚を味わうジョシュとコーネリアの姿は滑稽だ。しかし、映画は彼らを残酷に笑い飛ばすようなことはしない。「自分が10代だった80年代にマイク・ニコルズやジム・ブルックス、シドニー・ポラックが撮っていたような、風変わりだけど気持ちの良い、大人についてのコメディを撮りたかった」とノア・バームバックは語る。本国ではノア・バームバックの映画の中でも最も「分かりやすい」という評が出た。好意的な意味だが、確かに『ヤング・アダルト・ニューヨーク』は、今までの彼の映画にないほど親しみやすく、とっつきやすい。私はそこに、バームバックの映画作家としての成熟を見る。

バームバックの映画らしい、生々しい感覚も健在だ。「大人のふりをする子供を、初めてやめられたと思った」というジョシュの告白シーンには胸が張り裂けそうになる。『グリーンバーグ』とこの作品を通して、バームバックのアルター・エゴ的な存在となったベン・スティラーの名演である。

私は彼の映画を見ると、いつも自分の人生がバームバックによって盗まれて作品化されたかのような錯覚を覚えて、呆然とする。彼と同世代だというのが理由の全てではないだろう。個人的であることの普遍性を、彼が知っているからだ。観客がどの世代に所属するかは関係ない。バームバックの個人的な葛藤と成長から生まれた物語は、同時代を生き、大人になることを模索する人々に訴えることだろう。そして将来的には「ヒップスター」という現象を描いた２０１０年代の貴重な資料となり、同時に成熟していくことの困難の真実を描いた青春作品として残るに違いない。

CHAPTER 4

未熟なロマンス、大人のロマンス

ハッピー・エンドのために〜ロマンティック・コメディ映画における12のルール

ロマンティック・コメディの映画はお好きですか？

冒頭はボーイ・ミーツ・ガール。やることといえばフォーリン・ラブ。そこからハッピー・エンドに至るまでのクリシェに次ぐクリシェ。

主人公がさえない女子ならば、恋の相手は手の届かない王子様。主人公がさえない男子ならば、相手はギャングの美しい情婦。

主人公のカップルがキスをすると、ふたりの仲を知られてはならないような人物がドアを開ける。とっさに彼は彼女を妹だと偽る。

彼女が遠い街や外国に旅立つと知って、別れを後悔した彼は空港や港、駅に車を飛ばす。すると、かならずといっていいほど渋滞に巻き込まれる。

百戦錬磨のプレイボーイも、鉄の意志のキャリア・ガールも、かならず最後に恋の前に屈服する。それがロマンティック・コメディの世界です。

デートの口実にはもってこい。でも、映画好きを自認する人にベスト・ムーヴィーを聞くと、かならず選からもれてしまう。カップルや、あるいはシングルの女子が、金曜日の夜にDVDで見てワインやデリと共に消費してしまう。それがロマンティック・コメディ。

ふわふわとしていて、甘ったるくて、他愛がない。それぞれに熱狂的なファンがいるジャンル映画のなかでも、最も侮蔑的な扱いを受けているジャンル映画。なぜなら、SFやホラー、アクション映画と違って決してカルト化しないから。万人受けを狙って作られ、決して映画賞の栄誉には輝かない。

私はそんなロマンティック・コメディが大好きです。週に一本、よくできたロマンティック・コメディの映画さえ見られれば、他には何もいらないほど。

女性向きのそんな映画は巷に溢れているから苦労しないだろうって？

ところが、これが難しいのですよ。ロマンティック・コメディはどれも同じように見えて、クオリティがまったく違う。本当に面白くてロマンティックな映画は貴重です。

ロマンティック・コメディは、クリシェは多ければ多いほど楽しいと私は思っています。同じシチュエーション、同じ展開を扱うからこそ、個々の作品を作っているスタッフの力が試されるのです。

幸せな結末に至るまでの展開がご都合主義に見えるか、奇跡に見えるか。それは作る人たちの技量次第です。

一方で、筋立ては決まっているから、手を抜いて安易に作ろうと思えばいくらでも作ることができます。

悲しいのは、ロマンティック・コメディを嫌いな人が、筋立てが同じだという理由だけで手抜きの作品といい作品を混同してしまうことです。

プロットが同じだからこそ、細かな差異が問題になってくるというのに。その「細かな差異」が映画批評ではあまり評価されていない分野に及ぶから難しい。ファッションやインテリアといった、視覚的に重要なポイントがそこに含まれているにもかかわらず。

もちろん、映画史的に重要とされているロマンティック・コメディの作品もあります。30年代から40年代のハリウッドで作られたスクリューボール・コメディの名作の数々です。

アメリカの不況期に多数作られたこのジャンル映画は「主人公たちが贅沢な暮らしをしている」「展開が早くて登場人物たちが気の利いた台詞を早口でまくし立てる」「常識や性的モラルを覆し、主人公の男女が結婚離婚を繰り返したり、女が男を殴ったり、服装倒錯があったりする」という特徴があります。

私もスクリューボール・コメディは大好き。でも、スクリューボール・コメディを前提として、ロマンティック・コメディの映画を時系列に語っていくと、何だか映画の歴史をレクチャーされているみたいでつまらない。ロマンティック・コメディは金曜日の夜にハッピー・

エンドの映画を見てうっとりしたい人のためにあるのに！

クラシックかどうか、映画史的に認められているかどうかなんて関係ありません。ロマンティック・コメディは、現代の観客にとって有効かどうかで本当の価値が決まるのです。

映画用語である「スクリューボール・コメディ」に比べると、「ロマンティック・コメディ」という言葉が指し示すジャンルは曖昧です。男女が知り合い、結ばれるまでの物語に笑いを交えながら描くといえば簡単です。それでも、ロマンスを主体にしたものからコメディ主体のものまで大きくグラデーションが分かれそうです。レンタルDVDの店では、かけ離れた棚に置かれることも少なくないでしょう。

アクション・コメディやサスペンスにロマンティック・コメディの要素が入るものだってある。ミュージカルだって、ストーリーだけみればロマンティック・コメディというものが多い。60年代の映画だとセックス・コメディにジャンル分けされる場合もあります。

日本ではよくラブ・コメディという言葉を使いますが、これは便利な和製英語です。ボーイ・ミーツ・ガール以外の定義が曖昧なこの分野には、いっそそんな軽い言葉がふさわしいのではないでしょうか。

ロマンティック・コメディに必要な要素は以下の通りです。

その1「出会いはキュートに」

普通に出会ったらドラマになりません。運命を感じさせる偶然の出会いのシチュエーションを考えてください。

その2「反発しながら惹かれ合う」

鉄板です。主人公同士が仕事のライバルでも可。

その3「嘘をついて接近する」

もちろん真実の愛が芽生え始めた大事な瞬間にその嘘はバレます。

その4「婚約は一度、破棄される」

これのバリエーションとして「結婚が法律的に無効になる」があります。最近だと『ラブ・アゲイン』(11)はこのバリエーションです。

その5「高嶺の花はかならず振り向いてくれる」

このままハッピー・エンドになる場合と、振り向いてくれた憧れの対象ではなく、身近にいた相手の方が本当に好きだったと気がつくパターンに分かれます。

その6「デートもキュートに」

デートのいいアイデアを提供してくれないようなロマコメはロマコメではありません。意外なところだと、アダム・サンドラー主演作のデートはいつも捻りがあって面白いです。

その7「プレイボーイ／プレイガールはかならず陥落する」

高嶺の花とはまた違うパターンです。こういうキャラは各自の「恋の法則」「恋の哲学」を持っているものですが、それが使えなくなる時がかならずきます。

その8「恋敵は上手に退場させる」

これが難しい。ここでつまずくロマコメ多数。名手ノーラ・エフロンでさえ『めぐり逢えたら』で一度失敗している。マイケル・ショウウォーターの主演／監督作『*The Baxter*』(05)は「退場する恋敵」を主人公にした映画で、ラストにツイストがありました。

その9「適切なアドバイスをする第三者がいる」

影の重要人物です。肝心な時に「ここで恋を逃したら後悔する、行け!」って主人公にキューを出す係です。『ステイ・フレンズ』(11)のジャスティンにはふたりもいました。この「適切なアドバイスをする第三者」をオネエキャラのゲイ友にする脚本家は怠惰です。

その10「失った相手は取り戻せる」

どうやって取り戻してみせるかが脚本家の腕の見せ所。デート並みにキュートなアイデアが必要です。

その11「告白もキュートに」

「好きだ」「愛している」の代わりにビリー・ワイルダーの『アパートの鍵貸します』(60)のように「黙って(カードを)切って」というのが映画です。今年一番良かった告白は『50/50』(11)の「いつか君にパンケーキを焼いてあげる」。

その12「ハッピー・エンド」

ロマンティックな主題曲がかかり、飛行機が飛び立つシーンで終われば文句なしです。

私が「ロマンティック・コメディ映画」という時、それはアメリカ映画、もっというとハリウッド・メイドのものを指しています。

優れたロマンティック・コメディの映画は各国にあります。しかも、ロマコメは「恋」と「笑い」を絡めた分野であるからして、当然恋愛遊戯的な面を持っています。ピューリタニズムに縛られて、幼いモラルを厳しく守っているアメリカには本当ならば不向きなジャンルのはずです。でも、ハリウッドのロマコメ映画は面白い。それはなぜでしょう?

恋愛の本場といえばフランスが有名です。しかしヨーロッパにはそんな名高いアムールの国が恐れをなすほど、恋愛遊戯に長けた国があります。オーストリアです。

ウィーンが本場のオペレッタといえば、テーマは恋愛遊戯。浮気をしても、横恋慕しても、登場人物は誰も責められません。

そんなオーストリアで育った映画作家たちは戦前、本国やドイツで洒落たロマンティック・コメディの映画を作っていました。

30年代、ナチスの抑圧が厳しくなったドイツから様々な映画人がアメリカに亡命し、ハリウッドに職を求めました。ビリー・ワイルダーもそのひとりです。

ワイルダーが脚本家として参加した同郷の映画監督の作品、エルンスト・ルビッチの『青髭八人目の妻』(38)を私はハリウッドにおけるロマンティック・コメディの起点としたいと思います。

30年代はスクリューボール・コメディの全盛期であり、『青髭八人目の妻』以前にもルビッチはスクリューボールの傑作を数多く撮っています。

にもかかわらずこの作品をスタートとするのは、全てのロマコメは男女の出会いから始まるからであり、『青髭八人目の妻』におけるクローデット・コルベールとゲイリー・クーパーの出会い方は、その後のロマコメのゴールデン・ルールを築くものであるからです。

それがロマコメに必要な要素その1で挙げた「*Meet cute*」です。「ヒロインとヒーロー、ふたりの出会いはキュートで、風変わりなシチュエーションであること」。

この映画の「キュートな出会い」の発案者はビリー・ワイルダーだったそうです。コルベールとクーパーが映画の中でどんな風に出会ったかは映画を見ていただくこととして、確かなことが一つあります。

ドイツやオーストリアの映画人たちがハリウッドに来なかったら、今のロマコメの形態はないということです。ドイツはドイツで洒落た恋愛映画を輩出したかもしれませんが、それは今日のロマコメではありえない。ヨーロッパの恋愛遊戯をアメリカナイズドしたものこそが、今のロマコメなのです。

アメリカのユーモア、イギリスのウィット、フランスのエスプリとも違うドイツの小粋な感覚を「*Grazie*」というそうですが、この「*Grazie*」をソーダ水で割ったような感覚といえばいいでしょうか。ただ笑えるだけではない。洒落ているだけでもない。それがハリウッドのロマコメの不思議な魅力です。

色々と書きましたが、「ロマコメの映画史」をたどることは私の真意ではありません。ルビッチやジョージ・キューカーやハワード・ホークスを褒めて、現在のロマコメ映画を支えている職人監督を貶すような真似はしないし、メグ・ライアンやキャサリン・ハイグルに比べてキャロル・ロンバートやキャサリン・ヘプバーンがいかに素晴らしかったかという話もしたくありません。

ロマコメの全ては恋人たちの、あるいはシングル・ガールたちの大事な金曜日の夜のためにあります。私はいつも、そんな金曜日の夜に見たいロマコメ映画を紹介したいと思っています。

女子映画大賞

2011年から、自身のブログや雑誌「Spur」など女性誌で公開してきた私的な女子映画大賞。2015年からノミネートも公開しています（★がついているものが受賞作です）。
エントリー作品は広義の意味での女子映画。本来ならばそこに含まれないものでも「要素」があればアリとします。私がその年、試写で見た・劇場で見た・海外の劇場で見た・DVD（スルー）で見た・輸入DVDで見た「新作映画」から選んでいます。そのため、公開年は日本とは違う作品もあります。

2011年

ベスト・ヒロイン
キルスティン・ダンスト（メランコリア）

ベスト・ロマンティック・リード
ガエル・ガルシア・ベルナル（私だけのハッピー・エンディング）

ベスト・カップル
シャーリーズ・セロン&パットン・オズワルト（ヤング≒アダルト）
ミラ・クニス&ジャスティン・ティンバーレイク（ステイ・フレンズ）

ベスト親友
セス・ローゲン（50/50）

ベスト・ゲイ・アドバイザー
ウディ・ハレルソン（ステイ・フレンズ）
キーラン・カルキン（スコット・ピルグリムVS.邪悪な元カレ軍団）

ベスト・ふられ役
オーウェン・ウィルソン（幸せの始まりは）
エレン・ウォン（スコット・ピルグリムVS.邪悪な元カレ軍団）

ベスト・悪役
ブライス・ダラス・ハワード（ヘルプ～心がつなぐストーリー～、50/50）

ベスト・ブレイク
アナリー・ティプトン（ラブ・アゲイン）

ベスト・ファッション
マダム・ファッション&ジャージ（ミラノ、愛に生きる）

ベスト・フード
フライド・チキンをはじめとする南部料理とチョコレート・パイ（ヘルプ～心がつなぐストーリー～）

ベスト・デート
病院の霊安室デート（永遠の僕たち）

ベスト・ラブシーン
ポラロイド・カメラで連写しながらのキス（サブマリン）
『ダーティ・ダンシング』（87）のリフトの真

似（ラブ・アゲイン）

ベスト愛の告白

「いつか君にパンケーキを焼いてあげる」（50／50）

ベスト作品

メランコリア

ヤング≒アダルト

2012年

映画の中の書籍賞

マリリンの部屋に置いてあるジェイムス・ジョイスの『ユリシーズ』（マリリン七日間の恋）

映画の中のプレゼント賞

エドワードからウォリスへ、カルティエのダイヤのブレスレット、更にそのブレスレットにサファイヤ、エメラルド、ルビー、アメジスト等で作った十字架チャームを記念日ごとに（ウォリスとエドワード）

映画の中のインテリア賞

ビショップ家&ボーイスカウト・キャンプ（ムーンライズ・キングダム）

映画の中のフード賞

唐辛子入りカチャトーレ、その他チキン料理（テイク・ディス・ワルツ）

既成曲歌唱シーン賞

ドリームス／クランベリーズ（Sound of My Voice）

ミュージカル・モーメント賞

サンボーラ・ダンス（ダムゼル・イン・ディストレス）

ロックTシャツ賞

ブラック・サバスTシャツ（アベンジャーズ）

スタイリング賞

裏切りのサーカス

デート賞

墓地でゾンビ映画大会（ルビー・スパークス）

愛の告白賞

「民主主義には脇毛がある。民主主義はもう少し痩せるべきだ」（ディクテーター　身元不明でニューヨーク）

ラブシーン賞

ライアン・ゴスリング&キャリー・マリガン、エレベーターの中でキス&直後にバイオレンス（ドライヴ）

ペット賞

アギー（犬）（アーティスト）

白雪姫賞

リリー・コリンズ（白雪姫と鏡の女王）

ニュー・カマー・男子の部

コリン・フォード（幸せへのキセキ）

ニュー・カマー・女子の部

レベル・ウィルソン（ブライズメイズ、恋愛だけじゃダメかしら、バチェルロッテ　あの子が結婚するなんて！）

ウィンプスター賞

アダム・ブロディ（エンド・オブ・ザ・ワールド）

マニック・ピクシー・ドリーム・ガール賞

キーラ・ナイトレイ（エンド・オブ・ザ・ワー

ルド）

ふられ役賞
セス・ローゲン（テイク・ディス・ワルツ）

悪役賞
エヴァ・グリーン（汚れなき情事、ダーク・シャドウ）

助演男優賞
ベン・ウィショー（007／スカイフォール）

助演女優賞
ジェマイマ・カーク（タイニー・ファニチャー）

ロマンティック・リード賞
アーミー・ハマー（白雪姫と鏡の女王）

主演男優賞
エズラ・ミラー（少年は残酷な弓を射る、アナザー・ハッピー・デイ）

ガールズ・アンサンブル賞
ブライズメイズ

カップル賞
ゾーイ・カザン&ポール・ダノ（ルビー・スパークス＋私生活）

コメディエンヌ賞
クリステン・ウィグ（ブライズメイズ）

ヒロイン賞
ミシェル・ウィリアムズ（テイク・ディス・ワルツ）

ニュー・ヒロイン賞
ジュノー・テンプル（汚れなき情事、カリフォルニア・ガール）

自演女子クリエイター賞
レナ・ダナム（タイニー・ファニチャー）

（レディース）マン・オブ・ジ・イヤー
ジャド・アパトー

女子映画殿堂入り
ノーラ・エフロン

ドキュメンタリー賞
ダイアナ・ヴリーランド

マダム映画賞
ジェーン・エア

女子映画賞
タイニー・ファニチャー

2013年

女子映画大賞
スプリング・ブレイカーズ

マダム映画賞
アンナ・カレーニナ

ヒロイン賞
ミア・ワシコウスカ（イノセント・ガーデン）

ニュー・ヒロイン賞
オーブリー・プラザ（彼女はパートタイムトラベラー）

ロマンティック・リード賞
ニコラス・ホルト（ウォーム・ボディーズ）

悪役賞
レイチェル・マクアダムス（パッション）

ふられ役賞
ラシダ・ジョーンズ（セレステ∞ジェシー）

カップル賞
メルヴィン・プポー&スザンヌ・クレマン（わたしはロランス）

ニュー・カマー女子の部
アリス・イングラート（ジンジャーの朝、ビューティフル・クリーチャーズ）
ニュー・カマー男子の部
デイン・デハーン（クロニクル、欲望のバージニア、プレイス・ビヨンド・ザ・パインズ／宿命）
ドキュメンタリー賞
ビル・カニンガム＆ニューヨーク
コスチューム賞
華麗なるギャツビー
スタイリング賞
ブリングリング
ワードローブ賞
革手袋のセットが並ぶ鑑定士のワードローブ（鑑定士と顔のない依頼人）
ファッショニスタ賞
エリザベス・バンクス（ハンガー・ゲーム2）
インテリア賞
ムーンライズ・キングダム
ダンス・シークエンス賞
Xquisite Strip Club のショー（マジック・マイク）
映画の中の書籍賞
警察に踏み込まれた時にウディ・ハレルソンが読んでいるロベルト・ボラーニョ『野生の探偵たち』（グランド・イリュージョン）
映画の中のデート賞
白鳥と雲の形の乗り物でパリの街を空中遊泳（ムード・インディゴ）
映画の中のフード賞
★大統領のために作るサーモンとキャベツのファルシ（大統領の料理人）

2014年

女子映画大賞
フランシス・ハ
マダム映画賞
はじまりは5つ星ホテルから
ヒロイン賞
グレタ・ガーウィグ（フランシス・ハ）
ニュー・ヒロイン賞
アデル・エグザルホプロス（アデル、ブルーは熱い色）
男優賞
クリス・プラット（ガーディアンズ・オブ・ギャラクシー、LEGO®ムービー）
悪役賞
ロザムンド・パイク（ゴーン・ガール）
ふられ役賞
オリビア・ワイルド（her／ハー、ドリンキング・バディーズ）
カップル賞
イーサン・ホーク＆ジュリー・デルピー（ビフォア・ミッドナイト）
ニュー・カマー女子の部
ステイシー・マーティン（ニンフォマニアック）
ニュー・カマー男子の部
ドナルド・グリーソン（アバウト・タイム、フランク）

ドキュメンタリー賞
365日のシンプルライフ

女子クリエイター賞
サラ・ポーリー（物語る私たち）

OVER40ヒロイン賞
カリーヌ・ロワトフェルド（マドモアゼルC）

コスチューム賞
アナと雪の女王

スタイリング賞
ヴィオレッタ

インテリア賞
チャールズ・スワン三世の頭ン中

ダンス・シークエンス賞
飛行機内で「アイム・ソー・エキサイテッド」にのせて口パクミュージカル（アイム・ソー・エキサイテッド！）

映画の中の書籍賞
本棚から落ちる本…イアン・バンクス『蜂工場』T・S・エリオット『四つの四重奏』スティーブン・キング『ザ・スタンド』トマス・ピンチョン『重力の虹』ジェーン・オースティン『エマ』マデレイン・レンクル『五次元世界のぼうけん』ボルヘス『伝奇集』L・P・ハートレー『恋』エドヴィン・アボット・アボット『フラットランド』（インターステラー）

映画の中のフード賞
メンドルのコーティザン・オ・ショコラ（グランド・ブダペスト・ホテル）

映画の中のカクテル賞
アブソリュートリー・マティーニ（ウルフ・オブ・ウォールストリート）

映画の中のプレゼント賞
チェロとギターのチャームのブレスレット（イフ・アイ・ステイ）

映画の中のデート賞
暗闇レストラン*Dans Loi*でのお見合いデート（アバウト・タイム）

2015年

女子映画大賞
★きっと、星のせいじゃない。
ゴッド・ヘルプ・ザ・ガール
シンデレラ
マイ・インターン
わたしに会うまでの1600キロ

マダム映画賞
★アクトレス
黄金のアデーレ　名画の帰還
間奏曲はパリで
しあわせへのまわり道
1001グラム　ハカリしれない愛のこと

ロマンティック・コメディ賞
きみといた2日間
恋するふたりの文学講座
恋人まで1%
★トップ・ファイブ
もしも君に恋したら。

ドキュメンタリー賞

アドバンスド・スタイル

ヴィヴィアン・マイヤーを探して

ディオールと私

★ナショナル・ギャラリー　英国の至宝

わたしはマララ

女子クリエイター賞

アナ・リリー・アマポア（ザ・ヴァンパイア　残酷な牙を持つ少女）

エリザベス・バンクス（ピッチ・パーフェクト2）

サミュエル・テイラー・ジョンソン（フィフティ・シェイズ・オブ・グレイ）

★ジア・コッポラ（パロアルト・ストーリー）

ミア・ハンセン・ラブ（EDEN／エデン）

ヒロイン賞

アナ・ケンドリック（イントゥ・ザ・ウッズ、ラスト5イヤーズ、ピッチ・パーフェクト1&2）

キーラ・ナイトレイ（はじまりのうた、イミテーション・ゲーム／エニグマと天才数学者の秘密、アラサー女子の恋愛事情）

★シェイリーン・ウッドリー（きっと、星のせいじゃない。）

ミア・ワシコウスカ（奇跡の2000マイル）

リース・ウィザースプーン（わたしに会うまでの1600キロ）

ニュー・ヒロイン賞

アナイス・ドゥムースティエ（彼は秘密の女ともだち）

★イモージェン・プーツ（マイ・ファニー・レディ、恋人まで1%、JIMI：栄光への軌跡）

エミリー・ブラウニング（ゴッド・ヘルプ・ザ・ガール）

ダコタ・ジョンソン（フィフティ・シェイズ・オブ・グレイ）

リリー・ジェームズ（シンデレラ）

コメディエンヌ賞

★キャスリン・ハーン（ヴィジット、午後3時の女たち、トゥモローランド、マイ・ファニー・レディ）

ジリアン・ベル（22ジャンプストリート）

メリッサ・マッカーシー（タミー）

レベル・ウィルソン（ピッチ・パーフェクト1&2、ナイト　ミュージアム／エジプト王の秘密）

ローズ・バーン（ネイバーズ）

女子ヒーロー賞

シェイリーン・ウッドリー（ダイバージェントNEO）

★シャーリーズ・セロン（マッドマックス　怒りのデス・ロード）

ジェニファー・ローレンス（ハンガー・ゲームFINAL：レジスタンス、ハンガー・ゲームFINAL：レボリューション）

ディアナ・バング（ザ・インタビュー）

デイジー・リドリー（スター・ウォーズ：フォースの覚醒）

スクワッド賞

インサイド・アウト

恋人まで1%

★ピッチ・パーフェクト

マジック・マイクXXL

マッドマックス　怒りのデス・ロード

主演男優賞

クリス・プラット（ジュラシック・ワールド）
★ザック・エフロン（ネイバーズ、恋人まで1%）
マーク・ラファロ（はじまりのうた）
マイルズ・テラー（きみといた2日間、恋人まで1%、セッション）
マイケル・B・ジョーダン（恋人まで1%、クリード　チャンプを継ぐ男）

助演女優賞

★エリザベス・バンクス（ラブ&マーシー　終わらないメロディー、マジックマイクXXL、ピッチ・パーフェクト、ハンガー・ゲーム）
キャサリン・ウォーターストン（インヒアレント・ヴァイス）
クリステン・スチュワート（アクトレス　～女たちの舞台～、アリスのままで）
ジュノー・テンプル（午後3時の女たち）
ジュディ・グリア（アントマン、ステイ・コネクテッド、ジュラシック・ワールド）

悪役賞

ケイト・ウィンスレット（ダイバージェントNEO）
★ケイト・ブランシェット（シンデレラ）
クリストフ・ヴァルツ（ビッグ・アイズ）（007／スペクター）
ソフィア・ブテラ（キングスマン）
トム・フェルトン（ベル～ある伯爵令嬢の恋～）

ふられ役賞

★アナ・ケンドリック（ラスト5イヤーズ）
エレナ・カンプーリス（ステイ・コネクテッド）
ガブリエル・ユニオン（トップ・ファイブ）
ジェームズ・マカヴォイ（ラブ・ストーリーズ　コナーの涙）
メリッサ・ブノワ（セッション）

カップル賞

カンタン・ドルメール&ルー・ロワ＝ルコルネ（あの頃エッフェル塔の下で）
シェイリーン・ウッドリー&アンセル・エルゴート（きっと、星のせいじゃない。）
★アダム・サンドラー&ドリュー・バリモア（子連れじゃダメかしら?）
セス・ローゲン&ジェームズ・フランコ（ザ・インタビュー）
ジェシカ・チャスティン&ジェームズ・マカヴォイ（ラブ・ストーリーズ）

ベスト・バディ賞

★ジェームズ・コーデン（はじまりのうた）
ロバート・デ・ニーロ（マイ・インターン）
サイモン・ペッグ（ミッション・インポッシブル／ローグ・ネイション）
アダム・ドライバー（もしも君に恋したら。）
ギャビー・ホフマン（わたしに会うまでの1600キロ）

ニュー・カマー女子の部

ルー・ロワ＝ルコルネ（あの頃エッフェル塔の下で）
★ディアナ・デュナガン（ヴィジット）
ジョーイ・キング（WISH I WAS HERE／僕らのいる場所）

アリエル・ホームズ（神様なんかくそくらえ）
レベッカ・ファーガソン（ミッション・インポッシブル／ローグ・ネイション）

ニュー・カマー男子の部

★ナット・ウルフ（きっと、星のせいじゃない。、パロアルト・ストーリー、ハッピー・エンドが書けるまで）
タロン・エジャトン（キングスメン）
オリー・アレクサンダー（ゴッド・ヘルプ・ザ・ガール）
ジャック・キルマー（パロアルト・ストーリー）
ディラン・オブライエン（メイズ・ランナー）

衣装／スタイリング賞

インヒアレント・ヴァイス
キングスマン
★ゴッド・ヘルプ・ザ・ガール
シンデレラ
ビッグ・アイズ

映画の中のデート賞

サンフランシスコの地下デート（アデライン、100年目の恋）
夜の発電所デート（ヴァンパイア）
アムステルダム・デート（きっと、星のせいじゃない）
★お互いのプレイリストをスプリット・ジャックでシェアしながらのニューヨーク・デート（はじまりのうた）
スケート・リンク・デート（ハッピー・エンドが書けるまで）

映画の中のインテリア賞

スワンのシャンデリアがあるシンデレラ生家（シンデレラ）
グレイの拘束部屋（フィフティ・シェイズ・オブ・グレイ）
★デュポン家の正統派プレッピー・インテリア（フォックスキャッチャー）
ブルックリンのブラウンストーンの趣味のいいアパートメント（マイ・インターン）

映画の中の書籍賞

★リックが読んでいるアシモフの『ルナ・ゲートの彼方』（奇跡の2000マイル）
ヒロインが若い男子から勧められて読むイタロ・カルヴィーノの『見えない都市』（間奏曲はパリで）
ヒロインがお風呂で読むトルストイの『アンナ・カレーニナ』（ゴッド・ヘルプ・ザ・ガール）
クリスマスに彼女にプレゼントするスティーヴン・キングの『イット』（ハッピー・エンドが書けるまで）
『テス』の初版本（フィフティ・シェイド・オブ・グレイ）

映画の中のフード賞

生クリームたっぷりのワッフル（アントマン）
45年もののラフィットに合わせたチーズバーガー（キングスマン）
スコッチと合わせたチョコレート・ピーナッツバター・アイスクリーム（恋人まで1%）
★屋台で振舞われるキューバン・サンドイ

ツチ（シェフ 三ツ星フードトラック始めました）
ピーナッツバター、ジャム、カリカリベーコンを使ったエルヴィス・サンド（もしも君に恋したら。）

ミュージカル・モーメント賞

舞踏会でのダンス（シンデレラ）
スターシップに合わせての双子の兄妹のリップシンク・ダンス（スケルトン・ツインズ 幸せな人生のはじめ方）
★市民会館ダンス（ゴッド・ヘルプ・ザ・ガール）
マートル・ビーチの大会でのパフォーマンス（マジックマイクXXL）
ホール&オーツに合わせてのビル・マーレイとエマ・ストーンのダンス（アロハ）

映画の中のカクテル賞

★クレイジー・テキーラー（インヒアレント・ヴァイス）
ピクルス・マティーニ（靴職人と魔法のミシン）
マルガリータ（ザ・インタビュー）
コスモポリタンとジン・トニック（フィフティ・シェイズ・オブ・グレイ）
シャーリー・テンプル（ラブ・ストーリーズ コナーの涙）

映画の中のプレゼント賞

盗んできたピアス（ヴァンパイア）
★クラシック音楽ミックス・テープ（恋するふたりの文学講座）
グラマシー・パークの鍵（恋人まで1％）
アウディの赤い車（フィフティ・シェイズ・オブ・グレイ）
歌と共に手渡されるシルバーの時計（ラスト5イヤーズ）

ニューヨーク・ロケーション賞

バワリー周辺とグラマシー・パーク（恋人まで1％）
タイムズスクエア（バードマン）
ワシントンスクエア（はじまりのうた）
★イーストヴィレッジ（ラブ・ストーリーズ）
アッパー・ウェスト（ラスト5イヤーズ）

映画の中のインターネット賞

出会い系SNS（きみといた2日間）
出会い系サイト、タンブラー、ポルノサイトその他（ステイ・コネクテッド）
★ツイッターとVine（シェフ 三ツ星フードトラック始めました）
YouTube映像とツイッター（バードマン）
アルバム配信（はじまりのうた）

映画の中の評論家賞

フード・ブロガー（シェフ 三ツ星フードトラック始めました）
匿名映画評論家（トップ・ファイブ）
★演劇評論家（バードマン）
美術評論家（ビッグ・アイズ）

ベスト・ブレイクスルー・グループ賞

メール・オーダー・コメディ・グループ
アダム・ディヴァインが『ピッチ・パーフェクト』シリーズと『マイ・インターン』、ブレイク・アンダーソンが『DOPE』、アンダース・ホームが『マイ・インターン』

『トップ・ファイブ』『ザ・インタビュー』、そして三人揃って『ネイバーズ』（ビール・ピンポンの発明者！）に特出と、テレビ・コメディの『*Workaholics*』（11〜17）からメンバー全員が映画に進出した年だった。残るメンバーのカイル・ニューアチェックもチャイルディッシュ・ガンビーノのMV等、監督として活躍。テレビでは日本配信された『ブルース一家は大暴走！』（13〜）の第4シーズン第1話に全員で特出！

2016年

映画の中の書籍賞

貝殻型の*Kindle*で読むドフトエフスキーの『悪霊』（イット・フォローズ）

ニュー・カマー賞の男子の部

フェルディア・ウォルシュ＝ピーロ（シング・ストリート）

ニュー・カマー賞の女子の部

★カージー・クレモンズ（DOPE）

オリヴィア・クック（ぼくとアールと彼女のさよなら）

ふられ役大賞

ドーナル・グリーソン（ブルックリンとエクス・マキナのダブルで！）

悪役大賞

レア・セドゥ（ロブスター）

ガールズ・スクワッド賞

ゴーストバスターズ

ニュー・ヒロイン賞

ゾーイ・ドゥイッチ（エブリバディ・ウォンツ・サム!!）

次点はジェーン・レヴィ（ドント・ブリーズ）

ヒロイン賞

シアーシャ・ローナン（ブルックリン）

ベスト・ドキュメンタリー賞

アイリス・アプフェル！　94歳のニューヨーカー

女子映画大賞

裸足の季節

2017年

映画の中の書籍賞

★ジュリーの読むジュディ・ブルーム『キャサリンの愛の日』とM・スコット・ペック『愛すること、生きること』、アビーが病院の待合室で読むスーザン・ソンタグ『写真論』、アビーがジェイミーに渡す『からだ・私たち自身』と『連帯する女たち』（20センチュリー・ウーマン）

ウィリアム・カーロス・ウィリアムズの『パターソン』、ランチボックスの中のフランク・オハラ『*Lunch Poem*』（パターソン）

子供たちが読むナボコフ『ロリータ』、ジャレド・ダイアモンド『銃・病原菌・鉄』、ジョージ・エリオット『ミドルマーチ』、ドフトエフスキー『カラマーゾフの兄弟』（は

じまりへの旅）

広告代理店のレッドが読んでいるフラナリー・オコナー『善人はなかなかいない』（スリー・ビルボード）

デイブ・フランコがダイナーで読むヴァージニア・ウルフ『灯台へ』（NERVE）

ミシェルが読むサマセット・モーム『人間の絆』（スパイダーマン：ホームカミング）

ポアロが読むディケンズ『二都物語』（オリエント急行殺人事件）

ブロートンの読む『君主論』（アトミック・ブロンド）

映画の中のフード賞

ジャレビ（LION／ライオン）

芽キャベツのチェダーチーズのパイ（パターソン）

マトンのビリヤニ、ジャガイモ多め（ビッグ・シック）

★バターと赤ワインで調理したキノコ（ビガイルド／欲望のめざめ）

マイヤーウィッツ家のブリーベリー・パンケーキ（マイヤーウィッツ家の人々）

ミートソーススパゲッティ（聖なる鹿殺し）

ドリーム

女子スクワッド賞

コンビニ・ウォーズ

★ネイバーズ2

ビガイルド／欲望のめざめ

ワンダーウーマン

ニュー・ヒロイン賞

ゼンデイヤ（スパイダーマン：ホームカミング）

ルシー・ルカース（ポルト）

パウラ・ベーア（婚約者の友人）

エラ・パーネル（ミス・ペレグリンと奇妙なこどもたち）

★エイミー・シューマー（エイミー、エイミー、エイミー！）

ドキュメンタリー賞

★メットガラ

ダンサー、セルゲイ・ポルーニン

マノロ・ブラニク

作家、本当のJ.T.リロイ

ジョーン・ディディオン：ザ・センター・ウィル・ノット・ホールド

コスチューム賞

ジャッキー／ファーストレディ　最後の使命

ビガイルド／欲望のめざめ

★ル・コルビュジエとアイリーン　追憶のヴィラ

パーソナル・ショッパー

ノクターナル・アニマルズ

撮影賞

ジョン・トール（ビリー・リンの永遠の一日）

★チョン・ジョンフン（お嬢さん、IT／"それ"が見えたら、終わり。）

フィリップ・ル・スール（ビガイルド／欲望のめざめ）

ジェームズ・ラクストン（ムーンライト）

ロビー・ライアン（マイヤーウィッツ家の人々）

ニュー・カマー女子の部

★アニャ・テイラー=ジョイ（スプリット、ウィッチ）
ソフィア・リリス（IT／"それ"が見えたら、終わり。）
ダフネ・キーン（ローガン）
グレース・ヴァン・パタン（浮き草たち、マイヤーウィッツ家の人々）
ケリー・マリー・トラン（スター・ウォーズ／最後のジェダイ）

ニュー・カマー男子の部

ルーカス・ヘッジズ（マンチェスター・バイ・ザ・シー、スリー・ビルボード）
アシュトン・サンダース（ムーンライト）
フィオン・ホワイトヘッド（ダンケルク）
★バリー・コーガン（ダンケルク、聖なる鹿殺し）
アルジー・スミス（デトロイト）

カップル賞

キム・ミニ&キム・テリ（お嬢さん）
★トレヴァンテ・ローズ&アンドレ・ホランド（ムーンライト）
エマ・ワトソン&ダン・スティーブンス（美女と野獣）
アンセル・エルゴート&リリー・ジェームズ（ベイビー・ドライバー）
クメイル・ナンジアーニ&ゾーイ・カザン（ビッグ・シック）
サリー・ホーキンス&ダグ・ジョーンズ（シェイプ・オブ・ウォーター）

助演女優賞

★オクタヴィア・スペンサー（ドリーム、ギフテッド、シェイプ・オブ・ウォーター）
ニコール・キッドマン（聖なる鹿殺し、パーティで女の子に話しかけるには、ビガイルド／欲望のめざめ、LION／ライオン）
ヘイリー・ルー・リチャードソン（スウィート17モンスター、スプリット）
グレタ・ガーウィグ（ジャッキー／ファーストレディ　最後の使命、20センチュリーウーマン）
ホリー・ハンター（ビッグ・シック）

助演男優賞

★ジェイソン・サダイキス（シンクロナイズドモンスター）
ジョン・ハム（ベイビー・ドライバー）
サム・ロックウェル（スリー・ビルボード）
ケイレブ・ランドリー・ジョーンズ（スリー・ビルボード、ゲット・アウト）
リルレル・ハウイー（ゲット・アウト）

悪役賞

ジェナ・マローン&アビー・リー&ベラ・ヒースコート、モデル業界の悪魔トリオ（ネオン・デーモン）
★ハ・ジョンウ&チョ・ジヌン（お嬢さん）
マイケル・シャノン（シェイプ・オブ・ウォーター）
ビル・スカルスガルト（IT／"それ"が見えたら、終わり。）
アリソン・ウィリアムズ（ゲット・アウト）

主演男優賞

★トム・ホランド（スパイダーマン：ホームカミング）

クリス・パイン（ワンダーウーマン）
ケイシー・アフレック（マンチェスター・バイ・ザ・シー）
アダム・サンドラー（マイヤーウィッツ家の人々）
ダニエル・カルーヤ（ゲット・アウト）

主演女優賞

アン・ハサウェイ（シンクロナイズドモンスター）
エル・ファニング（ネオン・デーモン、20センチュリーウーマン、夜を生きる、パーティで女の子に話しかけるには、ビガイルド／欲望のめざめ）
エマ・ワトソン（美女と野獣、ザ・サークル）
★ヘイリー・スタインフェルド（スウィート17モンスター）
ガル・ガドット（ワンダーウーマン）

脚本賞

ノア・バームバック（マイヤーウィッツ家の人々）
★ジョナサン・ゴールドスタイン＆ジョン・フランシス・デイリー（スパイダーマン：ホームカミング）
ケリー・フレモン・クレイグ（スウィート17モンスター）
マイク・ミルズ（20センチュリーウーマン）
クメイル・ナンジアーニ＆エミリー・V・ゴードン（ビッグ・シック）

監督賞

ノア・バームバック（マイヤーウィッツ家の人々）
M・ナイト・シャマラン（スプリット）
★キャスリン・ビグロー（デトロイト）
ジョン・ワッツ（スパイダーマン：ホームカミング）
ジョーダン・ピール（ゲット・アウト）

女子映画大賞

シンクロナイズドモンスター
美女と野獣
お嬢さん
ドリーム
★ビガイルド／欲望のめざめ

2018

映画の中のフード賞

★ポーチド・エッグのせヴェルシュ・ラビット、スコーン、ソーセージ、ラプサン・スーチョンの朝食／アスパラガスのバターソース添え／キノコのワンイン・バター煮（ファントム・スレッド）
コーシャかコーシャじゃないか微妙な黒い森のケーキ、シナモン・クッキー（彼が愛したケーキ職人）
お母さん秘伝のキムチ・ガンボ（サーチ）
家族の手作り餃子（クレイジー・リッチ）

映画の中の書籍賞

★エリオが読むコンラッドの『闇の奥』／オリバーが読むスタンダールの『アルマンス』／エリオのお母さんが読んで聞かせる『エプタメロン』／エリオがマルシアに贈るアントニア・ポッツィの詩集（君の名前で僕を呼んで）

カイルが読んでいたハワード・ジン『民衆のアメリカ史』（レディ・バード）
自宅謹慎中のスコットが泣きながら読むジョン・グリーンの『さよならを待つふたりのために』（アントマン&ワスプ）
インスタ映えするジョーン・ディディオン『60年代の過ぎた朝』（イングリッド　ネットストーカーの女）
教授が借りパクしている『フラニーとゾーイ』初版本（マイ・プレシャス・リスト）

ふられ役賞

オースティン・ストウェル（バトル・オブ・ザ・セクシーズ）
エステール・ガレル（君の名前で僕を呼んで）
トム・ホッパー（アイ・フィール・プリティ！）
★ルーシー・ボーイントン（ボヘミアン・ラプソディ、ライ麦畑の反逆児）

女子スクワッド賞

ベラーズ（ピッチ・パーフェクト　ラストステージ）
★事務方を含むバレエ団マルコス・カンパニー（サスペリア）
オーシャンズ8（オーシャンズ8）
女子調査隊一行（アナイアレイション）
女子テニス協会（バトル・オブ・ザ・セクシーズ）

ベスト・バディ賞

★ジョージ・レンデボーグ・Jr.（ブリグズビー・ベア、Love, サイモン）
ダニエラ・ピネダ（ジュラシック・ワールド／炎の王国、ミスター・ルーズベルト）
マッケンジー・デイヴィス（タリーと私の秘密の時間）
アンソニー・ラモス（アリー／スター誕生）
ジッタルト・ダナンジェイ（パティ・ケイク$）

ニュー・ヒロイン賞

オリビア・コールマン（女王陛下のお気に入り）
ノエル・ウェルズ（ミスター・ルーズベルト）
★ヴィッキー・クリープス（ファントム・スレッド）
アンガーリー・ライス（エブリデイ）
ラナ・コンドル（好きだった君へのラブレター）

ドキュメンタリー賞

★顔たち、ところどころ
ジェイン・ジェイコブズ：ニューヨーク都市計画革命
私はあなたのニグロではない

コスチューム賞

ファントム・スレッド
★女王陛下のお気に入り
レディ・プレーヤー1
サスペリア

撮影賞

ジェームズ・ラクストン（ビール・ストリートの恋人たち）
★マシュー・リバティーク（ヴェノム、アリー／スター誕生、マザー！）
ルカ・ビガッツィ（シシリアン・ゴースト・ストーリー、最初で最後のキス）
アレクシス・サベ（フロリダ・プロジェクト）

サヨムプー・ムックディプローム（君の名前で僕を呼んで、サスペリア、*Antonia*）
アルフォンソ・キュアロン（ROMA）

ニュー・カマー女子の部

ダニエル・マクドナルド（パティ・ケイク$）
キキ・レイン（ビール・ストリートの恋人たち）
★ミリセント・シモンズ（ワンダーストラック、クワイエット・プレイス）
クリスティン・フローセス（シエラ・バージェスはルーザー、ライ麦畑の反逆児）
ヤリッツァ・アパリシオ（ROMA）

ニュー・カマー男子の部

アレックス・ウルフ（ジュマンジ、ライ麦畑で出会ったら、ヘレディタリー／継承）
★ノア・センティネオ（好きだった君へのラブレター、シエナ・バージェスはルーザー）
ビリー・ハウル（追想）
ジュリアン・デニソン（デッドプール2）
ジョン・デヴィッド・ワシントン（ブラック・クランズマン）

カップル賞

ブラッドリー・クーパー&レディー・ガガ（アリー／スター誕生）
ティモシー・シャラメ&アーミー・ハマー（君の名前で僕を呼んで）
★キアヌ・リーヴス&ウィノナ・ライダー（おとなの恋はまわり道）
ゾーイ・ドゥイッチ&グレン・パウエル（セット・アップ：ウソつきは恋のはじまり）
ドナルド・グローヴァー&フィービー・ウォーラー=ブリッジ（L3-37）（ハン・ソロ／スター・ウォーズ・ストーリー）

助演女優賞

ザジー・ビーツ（デッドプール2）
★オークワフィナ（オーシャンズ8、クレイジー・リッチ！）
ビーニー・フェルドマン（レディ・バード）
レジーナ・キング（ビール・ストリートの恋人たち）
ゾーイ・カザン（バスターのバラード）

助演男優賞

ビル・キャンプ（レッド・スパロー、モリーズ・ゲーム）
ウィレム・デフォー（フロリダ・プロジェクト）
★ポール・ウォルター・ハウザー（アイ，トーニャ、ブラック・クランズマン）
トレイシー・レッツ（レディ・バード、ペンタゴン・ペーパーズ）
マイケル・スタールバーグ（ペンタゴン・ペーパーズ、君の名前で僕を呼んで）

（小）悪役賞

（「アベンジャーズ／インフィニティ・ウォー」の大悪役サノスは別枠）
ジェームス・コーデン（ピーター・ラビット）
ハナ・ジョン=カーメン（レディ・プレーヤー1、アントマン&ワスプ）
★マイケル・セラ（モリーズ・ゲーム）
トファー・グレイス（ブラック・クランズマン）
ビリー・マグヌッセン（イングリッド　ネットストーカーの女）

主演男優賞

★ジョン・チョー（サーチ）
ラミ・マレック（ボヘミアン・ラプソディ）
ティモシー・シャラメ（君の名前で僕を呼んで、レディ・バード）
ニック・ロビンソン（Love, サイモン）
ジェームズ・フランコ（ディザスター・アーティスト）

主演女優賞

マーゴット・ロビー（アイ，トーニャ）
シアーシャ・ローナン（レディ・バード、追想）
ダコタ・ジョンソン（サスペリア）
エル・ファニング（メアリーの総て）
★コンスタンス・ウー（クレイジー・リッチ！）

脚本賞

ディアブロ・コディ（タリーと私の秘密の時間）
★スコット・ノイスタッター&マイケル・H・ウェバー（ディザスター・アーティスト）
カイル・ムーニー&ケヴィン・コステロ（ブリグズビー・ベア）
デヴィッド・ロバート・ミッチェル（アンダー・ザ・シルバーレイク）
バリー・ジェンキンズ（ビール・ストリートの恋人たち）

監督賞

★グレタ・ガーウィグ（レディ・バード）
スーザン・ジョンソン（マイ・プレシャス・リスト、好きだった君へのラブレター）
レオノール・セライユ（若い女）
カルラ・シモン（悲しみに、こんにちは）
ハイファ・アル=マンスール（メアリーの総て）

女子映画大賞

★レディ・バード
サスペリア
タリーと私の秘密の時間
女王陛下のお気に入り
クレイジー・リッチ！

恋のゲーム、神様のゲーム――『夏の夜は三たび微笑む』(55)

こんな洒落たロマンティック・コメディは、フランス人か、ワイマール共和国出身の映画作家しか作れないのかと思っていた！

それが『夏の夜は三たび微笑む』を初めて見た時の感想だった。ワルツのパートナー・チェンジのように鮮やかに男女の組み合わせが入れ替わる物語はマックス・オフュルスの『輪舞』(50)のようでもあり、ジャン・ルノワールの『ゲームの規則』(39)のようでもあるが、人の企みが神の采配へと転じる不思議な夏の夜の描写は、やはりイングマール・ベルイマンならではの魔法なのだろう。

ベルイマンはスタジオから当たるような映画を撮れと迫られて、このコメディを作ったという。シェイクスピアの『真夏の夜の夢』を下敷きにしたこの作品はしかし、スタジオの幹部には受けが悪かったらしい。20世紀初頭が舞台の時代物であることも、彼らが難色を示した理由の一つだった。50年代当時は、俳優たちが時代がかった衣装を身につけるような作品は流行っていなかったのである。しかし、１９５６年のカンヌ映画祭に出品されると大評判となり、結果的にはベルイマン監督初の国際的な大ヒット作になった。

どうしてそんなに当たったのかって？　それは分からない。ただ、この映画を見て、幸せな気持ちにならないことは難しい。映画に人が期待することはそれぞれだが、内心では多くの人が、それを見ればハッピーになれる作品を望んでいるのではないだろうか。みんな、夏の夜に微笑んで欲しいのだ。その願いを、この映画は叶えてくれる。

物語の冒頭では、誰もが愛に関する問題を抱えている。弁護士のフレードリックは、10代の新妻であるアンを自分の息子に取られてしまうのではないかと気が気でない。その息子ヘンリックは神学校の学生だが、アンに恋い焦がれ、浮気なメイドのペトラに翻弄される日々だ。フレードリックが未練を捨てきれないかつての愛人、女優のデジレには軍人のマルコム伯爵という新しい恋人がいる。嫉妬深いマルコム伯爵は妻帯者だ。その妻のシャルロッテは彼の浮気を黙認しているが、本当は結婚生活の理不尽さに冷たく怒っている。

もつれた恋の糸をほどくのは、女たちだ。

「男はバカだから、女が手を貸さないと」とデジレが言う通り、劇中の男たちは自分たちが抱えている本当の問題も、その解決方法も分かっていないのだから。

『夏の夜は三たび微笑む』に出てくる女優たちは、みんな魅力的だ。策略家のデジレを演じるエヴァ・ダールベックは粋な美女。赤いドレスにフレードリックのシルクハットをかぶって夜の街を歩くシーンの彼女は、ひたすらきれいだった！　マルギット・カールクヴィスト扮するシャルロッテのアイス・ビューティーぶりも捨て難い。少女っぽさが抜けず、未だにリボンで髪を結い、部屋にドールハウスを飾っているようなアンにも性に目覚める直前の張りつめた美しさがある。弾ける一歩手前のホウセンカの種のよう。アン役のウーラ・ヤコブソンが『春の悶え』(51)のヌード・シーンで話題になった女優と知って、なるほどと思った。この映画では脱がないが、彼女はイノセントにしてセクシーだ。

そしてセクシーといったら、小間使いペトラを演じるハリエット・アンデション。快楽主義者の彼女は、無意識にヒップを揺らして歩く。テーブルを一周した後、ヘンリックに向かって胸をはだけて見せるシーンのなまめかしさ！　ペトラは恋に落ちないから、恋によって罰を受けることもない。

結婚したのにもかかわらずまだヴァージンのアンは「(自分が)男だったらいいのにって思うことはある？」と彼女に聞く。「いいえ！　女がいいに決まっています！」と即答するペトラ。「そうね、私も男はイヤ」アンはそう言って、ベッドでペトラと抱き合って笑う。笑って、笑って、ふたりの少女の笑いは滅多なことでは止まない。男たちが介在しない、このシーンが映画で一番官能的に見えるのはなぜだろう。女たちは結局のところ、男たちを必要としていないのかもしれない。でもたとえ必要でなくても、愛することはできる。男たちの方はこの世界の幸せを享受するために、女たちの存在が不可欠である。

恋のパートナー・チェンジを可能にした仕掛けベッドは、邪な心を持つ王様が大臣の妻を手にいれるためのトリック。だけど若いふたりの恋の前では、先人たちの罪も溶けてなくなってしまう。世間体も、モラルも、しょせんは人間たちが自分をがんじがらめにするために作ったものだ。神様の方はそんなこと、気にしない。短い北欧の夏の夜のように、儚い今を楽しめと言うだけ。

まだ恋をしたことがない人にも、もうそれが遠い日の記憶になってしまった人にも、恋を手にすることがない人にも。この映画はキラリとした微笑を授けてくれる。

拝啓　ティモシー・シャラメ様

『レディ・バード』(17)で、10代なのにアンニュイで洗練されたお金持ちの文化系男子を演じるあなたを見た時、自分が現在、15歳だったらどんなにいいかと思いました。初夏に『レディ・バード』とあなたの主演映画『君の名前で僕を呼んで』が公開された２０１８年は、15歳の私にとって特別な年になったはずです。

私は学校の机にカッターで「*Chalamet*」と刻み、ピンタレストには異常に充実したティモシー・シャラメのコーナーを作り、あなたの高校の同級生がネットに上げている秘蔵写真はないかとストーカーのようにフェイスブックを徘徊したに違いありません。さすがに今の私は大人なので、そういうことはしませんが。

海外ドラマファンのなかには、『*HOMELAND*』(11〜)でアメリカ副大統領の息子を演じた時から、あなたに注目していたという人もいるかもしれません。私があなたを初めて見たのはジェイソン・ライトマン監督の『ステイ・コネクテッド〜つながりたい僕らの世界』(14)という映画ですが、残念ながらあまり印象に残っていませんでした。ＳＮＳ漬けの高校生たちをほの暗いトーンで描いたこの作品の雰囲気に、あなたがあまりに馴染みすぎていたせいかもしれません。後で、主演のアンセル・エルゴートにカフェテリアでボコボコに殴られていたアメフト部員の役だと知って、びっくりしました。あなたはアメフトをやるには華奢過ぎるのではないでしょうか？『君の名前で僕を呼んで』で水着姿を見た時はあまりに柳腰なので、デッサンが下手な少女漫画家が描いた美少年を3D化したのかと思いました。

『ステイ・コネクテッド』で共演したアンセル・エルゴートとは、ニューヨークのパフォーミング・アーツの名門、ラガーディア高校で同期の仲だそうですね。さすが、12歳でオフ・ブロードウェイ・デビューを果たした演劇少年なだけあります。お母さんが元ブロードウェイ・ダンサーというあなたは、マンハッタンの劇場街にほど近いヘルズ・キッチンの育ち。セントラル・パークの西側、リンカーン・センターの裏手にあるラガーディア高校は目と鼻の先です。10代の時は同級生とミッドタウンのマリオット・ホテルのガラスのエレベーターを上り下りして遊んでいたという話を知って、本当の都会っ子なんだなとため息をつきました。

お父さんがフランス人のあなたは、フランス語も堪能。子供の頃から南仏のリヨン郊外で夏休みを過ごしたそうですね。それを聞いてつい「シャラメ、リアル・エリオかよ！」と口にしてしまいました。

『君の名前で僕を呼んで』で、文化的な資産と音楽の才能に恵まれたエリオ・パールマンを演じるのは、あなたにとって難のないことだったのかもしれません。しかし、あなたはただ無自覚な自然体として、フィルムに収まっていた訳ではない。同性の美しい青年に心を奪われ、愛される喜びと失う悲しみを一夏で経験するエリオは、感性豊かな俳優であるあなたが、その確かな演技力で作り上げたもの。映画のいくつかの印象的なシーンは、あなたとアーミー・ハマーによる即興で作られたものだそうですね。ハマーが演じるちょっと不躾なオリヴァーと初めて心を通わせる湖で、オリヴァーが持っている彫像の腕に握手を求めたシーンがアドリブと知って感心しました。

次は*Netflix*でシェイクスピアが描いたヘンリー五世を演じると聞いて、私の期待はストップ高です。放埒に見えて、実は賢いハル王子はあなたにぴったりです。きっとあなたはこれから、輝かしいキャリアを築いていくに違いありません。それでも、私は俳優のあなたの転機となったであろう若き日の二作の映画について「何ひとつ忘れない」と言いたい気持ちです。

まなざしだけがふたりをつなぎとめる――『ポルト』(17)

見つめられて、見つめ返す。

『ポルト』のふたりの物語は、彼らの人生で最も幸せな朝から始まる。ベッドで横になり、互いの顔に見入る恋人たちのプロフィール。彼女の豊かな髪が枕に広がっている。陶酔の一夜の先にある、ロマンスの到達点だ。

だけどその朝の記憶は遠い昔のことで、男がカフェ・レストランでうたた寝から覚めたように顔を上げると、夢は真夜中のネオン・サインのようにぷつりと消えてしまう。彼の目の前にあるのは、ざらつくような空気の中にある現在のポルトガルの港町ポルト。過去だけがつややかなイメージで去来する。

ジェイクとマティが出会った時、彼は26歳。彼女は32歳。社会的なバックボーンも、属している世界も、何もかも違うふたりだった。ジェイクは恵まれた家庭からドロップアウトして異国で労働者として暮らすアメリカ人の青年で、マティは大学の研究室で出会った男に引っ張られるようにしてこの地に来たフランス女性。ふたりの共通点といえば、この港町で異邦人だということだけ。そんな男女を互いに見つめるまなざしだけがつなぎとめる。

こんなにもまなざしが雄弁な恋の物語も、そうないだろう。採掘現場で、目が合うふたり。その視線がもう一度、駅でつながる。そして三度目、カフェで会った時。離れた席に座るふたりの目の向く先が、カメラによって示される。ジェイクの視線がカフェの内部を渡り、喧騒を横切ってマティにたどり着く。マティが返した視線が同じルートを逆走してジェイクのもとに戻ってくる。

この映画はふたりの人物の目に、恋の全てを語らせようとしているかのようだ。カフェのテーブルを挟んで、見つめ合うふたりの横顔。そしてジェイクの目を通したマティの顔と、マティから見たジェイクの顔の切り返しによる会話シーン。そういえば、マティを演じるルシー・ルーカスの顔立ちとその瞳は、イングマール・ベルイマンの『不良少女モニカ』(55)でまっすぐカメラを見つめたハリエット・アンデルセンを思わせるところがある。

そして、マティがジェイクから目をそらす瞬間にふたりの恋は終わる。彼女との恋を回想するジェイクはそれこそ、見捨てられた子犬のようだ。自分を見つめ返してくれる瞳を求めて、彼の目はポルトをさまよう。マティと会った時はまだ少年の面影を宿していたジェイクの上に、月日は残酷に流れた。やせ衰えた彼は年齢よりもずっと年老いて見える。

マティはジェイクよりも年上だったが、年齢を重ねた今では彼女の方が彼よりもずっと若く見える。失ったものも得たものもある人生の中で、マティは目を背けた過去をもう一度見つめ直す。彼女は赤い傘をさして、ジェイクと見つめ合いながらスープを口に運んだレストラン・バーの窓を覗き込む。そうやってあの日のふたりを探しているのだ。この窓は映画のスクリーンのようだ。映画の中からマティは観客を見つめている。もし彼女がこの窓を覗いたのがこのレストランの閉店間際だったら、うたた寝から覚めて顔を上げたジェイクと目が合ったかもしれない。しかし、現実にはそんな奇跡は起こらない。幸せな一夜の記憶によってこの街につなぎとめられたふたりのはずなのに、彼らは別々の時間を生きている。もう二度と目を合わせることはないのだ。

でもこれは映画であって、現実とは違う。映画の中では時間の流れは自由だ。だから映画の後半で物語は再びジェイクとマティが出会った夜へと戻り、ふたりはもう一度互いを見つめ返す。その視線の先にあるものが悲劇であってはならない。深夜のレストランを出て、ふたりはポルトの街を幸せに向かって歩き出していく。素晴らしい始まりの予感を孕んだあの朝への前哨戦である、肉体の歓びが待っている。決して取り戻せないはずだったものの再来は、映画の奇跡なのだ。

この作品における映画のもうひとつの奇跡は、ジェイクを演じるアントン・イェルチンの姿だ。多くの映画ファンが知っている通り、この映画の公開前年、彼は不慮の事故で亡くなった。しかし現実の死が、アントン・イェルチンの最後なのではない。映画の観客にとっては、彼の出演作それぞれのラスト・シーンがアントン・イェルチンを最後に見た瞬間になる。惜しくも最晩年の主演作となってしまった『ポルト』は、ひとりの男の人生で最も幸せな瞬間で幕を閉じた。それは、映画の中の夢に過ぎないかもしれない。それでも、アントン・イェルチンが演じたジェイクは今もポルトに、彼と恋に落ちた女の瞳の中にいるのだ。

メイク・ミー・ブルー――『ムーンライト』(16)

正直に言うと私は見る前、『ムーンライト』という作品に身構えていた。マイアミの貧困家庭に育つゲイの黒人男性の成長物語が、辛い作品にならないはずがないと思っていたのだ。主人公が対峙しなければならないはずの暴力や偏見を目にするのが怖かった。それはアメリカで「黒人」という名のもとに束ねられてしまった人々が、日常的に感じている恐怖のはずだ。

しかし『ムーンライト』は愛がそんな恐怖を超えていくという美しいラブ・ストーリーだった。誰かを決定的に愛してしまった時の無力感を、自分という存在の全てを相手に差し出すしかないという、恋をしたことのない人さえどこかで知っているロマンスの本質を親密に描き出した作品だった。『ムーンライト』は社会的階層や、人種や、ジェンダーの物語であるのと同時に、それらの全てを超えた普遍性のあるストーリーなのだ。

自分のものではない、異なる文化を背景にした固有の物語が、搾取や消費という形を通すことなく自分のものとして感じられたら素晴らしい。私はそんな奇跡をこの映画で体感した。

私はまず、主人公のシャロンを通して、受け入れられることを知った。虚勢や暴力で社会の轢と戦おうとする少年たちの群れにおいて、シャロンはアウトサイダーであり、弱者であるが、孤独な彼を受け入れてくれる存在が常にいる。彼の弱さが特別な恩恵（ギフト）だと信じる人たち。それはドラッグ・ディーラーのファンであり、幼なじみのケヴィンだった。

シャロンとケヴィンが夜の砂浜でぎこちなく接近していく場面で、私はバリー・ジェンキンズ監督の優しさを知った。映画の中で唯一、肉体的な接触のあるラブ・シーンであるのにもかかわらず、カメラはこのふたりの姿を人前に晒すのを避け、彼らをそっとしておこうとするかのように月光と夜の海を映し出すのだ。青い光が、生まれたばかりの壊れやすい愛を包み込む。

しかし現実の残酷さは、シャロンに彼の弱さを手放すように促す。それでも、寄せては返す波のように、愛の力はシャロンをあるべき場所に呼び戻していく。もはや「ファゴット（オカマ）」と呼ばれる少年ではなく、強靭な肉体を持つストリートの覇者となったシャロンを故郷に引き寄せたのは、ケヴィンからのこんなメッセージだ。「お前に料理を作ってやる。そしてあの曲を聞かせてやる」

シャロンとケヴィンがダイナーで再会するシーンで、私は息が止まるような切なさを知った。肉体的にだけではなく、精神的にも相手を欲しいと思っている同士の間で緊張感が高まり、うねり、満ちて、ただの食堂をあの夜の砂浜と同じ空間に変えていく。厨房でキューバ料理を作っているケヴィンを見ると、料理とは何とセクシーな行為なのだろうと思わずにいられない。ケヴィンが作ってくれた料理のためにシャロンは歯にはめていた金のブレーズを外す。それはシャロンがストリートでどんな権力を持っているか見せつける王冠のようなものだが、彼はケヴィンの指が触れたものを、自分のために作ってくれたものを直に歯で触れて感じたいのだ。

誰かが作ってくれたものを口の中に入れるということはガードを外すこと、その人を全面的に信頼することだ。だから、映画の最初でファンは恐怖で凝り固まっている少年のシャロンをダイナーに連れていった。次には自分の恋人が作った料理を食べさせた。それは学校でも家でも拒絶され、拒絶することに慣れたシャロンにとって自分を解き放つ練習となる。この映画の象徴的なシーンである泳ぎのレッスンにおいて、シャロンはファンと海に身を委ね、この世界が彼に与えてくれる官能を体いっぱいに感じる。デヴィッド・ロバート・ミッチェルの『アメリカン・スリープオーバー』(11)でも、大人になろうとする若い肉体に芽生え始めた特別なフィーリングを描き出した撮影監督のジェームズ・ラクストンならではの空気感だ。私もそれに感応した。

ケヴィンがシャロンを思い出した曲がバーバラ・ルイスの「ハロー・ストレンジャー」であることを知って、私は人が愛に降伏する瞬間を感じた(個人的にも60年代のR&Bのなかで極めつけに好きな曲)。涼やかに、優しく呼びかけるようなこの曲が『ムーンライト』という作品を物語っている。愛はシャウトするものではない。拒絶されるかもしれない。傷つけられるかもしれない。それどころか、殴られ、殺されるかもしれない。それを承知で繊細な心を相手に差し出すことなのだ。劇中でシャロンがそうしたように、この映画は柔らかな魂を観客にギフトとして差し出してくれた。

そのギフトは月光のもとで青く光る肉体を持つ人々から届けられたものだ。私たちの肌が彼らと同じように輝くことはない。しかし、彼らの放つ光は私たちも青く染め、その色の中で私たちは本来なら知りえぬ痛みや歓びを知り、彼らの物語は私たちの物語となる。その青は、映画館の闇が晴れても消えない。

バリー・ジェンキンスの恋人たち――『ビール・ストリートの恋人たち』(18)

バリー・ジェンキンスの映画の恋人たちが見つめ合う間には、神聖な空間がある。そこでは感情が音のない高波のように、バイオリンの音色のように空気を満たしている。見つめ合うふたりは息もできない。あるいは、ただふたりの視線が交錯する場所でしか息ができない。『ムーンライト』(16)におけるその場所は、月光が降り注ぐ青い夜の浜辺であり、夜更けのダイナーだった。『ビール・ストリートの恋人たち』ではニューヨークの路上だ。ティッシュとファニー。幼い頃から共にハーレムで育った若いふたりが、お互いの中に永遠を見た瞬間。ティッシュの心の声が響く。

彼こそわたしの人生で最も美しい人だ

その時、ティッシュとファニーが佇む通りは夕暮れ前の柔らかい光で洗い清められたように輝く。ふたりは祝福されたのだ。ジェームス・ラクストンによる撮影が美しい。ジェンキンスの前作『ムーンライト』では青い月明かりで男たちを包み、デヴィッド・ロバート・ミッチェルの『アメリカン・スリープオーバー』(11)ではティーンエイジャーたちの性への甘美な期待と予感で郊外の空気を揺らしたラクストンは、見えないものの気配でスクリーンを満たす名人だ。だが映画ではふたりの間の聖なる空間に、ガラスの壁が立ちふさがる。

無実の罪で投獄された黒人の若い男と、彼の子供を宿す黒人の若い女。ふたりの愛を描くジェイムズ・ボールドウィンの原作のタイトルは「*If Beale Street Could Talk*(もしビール・ストリートが語ることができたのなら)」。ボールドウィンはビール・ストリートという通りの名前をアメリカ黒人の魂の故郷として、象徴的に使っている。しかしティッシュとファニーが見つめ合ったニューヨークの路上も、もし口をきくことができたならば、名もない恋人たちの偉大なラブ・ストーリーを語るだろう。生まれたばかりの愛は柔らかく、脆い。アメリカにおける黒人の尊厳や命も同じくらい、脆いのだ。だからティッシュとファニーの愛が高まった一番幸せな瞬間に、それを奪いに来る存在が現れる。ファニーの虚偽の逮捕につながったのは、ほんの小さな出来事だった。そんな些細なことで、若い男性が人生の美しいものを全て放棄させられようとする。『ビール・ストリートの恋人たち』の舞台は70年代だが、ティッシュとファニーの悲劇が今も繰り返されていることを、口のきけない通りは知っている。

ただ、通りが知っているのは悲劇だけではない。繊細で壊れやすい、柔らかいものを守るために強くなっていこうとする人々も知っている。『ビール・ストリートの恋人たち』はティッシュとファニーのために戦う人々の物語でもある。ティッシュとファニー、ふたりの父親は息子と娘のために奔走する。権力も資産も持たない黒人の父親にとって、家族への愛はプライドの源なのだ。

「愛があったからお前が生まれた。愛を信じるなら、うろたえないで」と妊娠した娘を叱咤し、励ます気丈なティッシュの母親を演じたレジーナ・キングの名演は忘れがたい。彼女は弁護士の指示で、ファニーの無実を証明するためにプエルトリコまで飛ぶ。貧しい生涯で、外国旅行などしたことがない女性だ。

「俺はごく単純で、愛し合う人間が好きなんだ。黒・白・緑・紫、どれも関係がない。母親が違うだけだ」

ティッシュとファニーに部屋を貸すユダヤ人のレヴィは語る。黒人の恋人たちに愛を注ぎ、彼らを守ろうとするのは黒人のコミュニティだけではない。ティッシュとファニーの親友で彼らにツケでディナーを出してくれるペドロシートはラテン系だし、ファニーが連行されそうになった時に、警官を叱責したのはイタリア系の老女だった。思いやりでつながるマイノリティたちの緩やかな連帯がここにある。

ファニーが犯人に仕立てられたレイプ事件。その痛ましい被害者の女性にも、シンパシーの眼差しは向けられている。刑務所で尊厳を傷つけられ、ファニーのために証言できない親友のダニエルにも。久しぶりに会ったダニエルの肩を抱くファニーの腕や、小さなキッチンで娘ティッシュの肩にまわす父ジョーセフの腕の、そこに込めた力や体温がスクリーン越しに伝わってくる。あらゆることを超えていくのは、愛しかない。

だからファニーも愛を糧に刑務所の生活を生き延びようとする。ティッシュと生まれてくる子供だけではなく、愛でつながった家族たちのためにテーブルを作ることを彼は夢見る。

アメリカにおける黒人男性の受刑者の数はあまりに多い。受刑者における黒人男性の割合は40％にものぼり、20代後半の黒人の一割が刑務所で暮らしているという。ファニーのように、彼らのひとりひとりにそこに至るまでの道のりや辛い物語があり、彼らを愛している恋人や家族がいる。

メンフィスやニューヨークでなくても、もしも通りが語ることができたのなら。きっと名も無い恋人たちの偉大なラブ・ストーリーを語るだろう。ふたりが、そしてふたりを愛する人々がどんなに勇敢に闘ったかということを。今も闘い続けていることを。

ウィーン・パリ・東京　九年間のディスタンス――『ビフォア・サンセット』（04）

例えば、それは九年前。

彼はシネフィルであなたは文学少女。

同じ大学に通うふたりは、ふとしたきっかけで『恋人までの距離（ディスタンス）』（95）という映画を見に行くことになる。

監督のリチャード・リンクレーターって、日本では公開されていないけれど『スラッカー』（91）っていうすごい映画を撮ったアメリカの新鋭なんだ、『リアリティ・バイツ』（94）よりもずっと本当のジェネレーションX映画って感じだよ、と彼が熱く語っても、あなたは今ひとつ興味が持てない。

ただ、大好きなジュリー・デルピーが出ると聞いて、一緒に行くのをOKする。

映画は、国際列車ユーロスターで出会ったアメリカの男の子とフランスの女の子がウィーンの町で恋をする話だ。

「あのふたりはあの後どうなったと思う？　約束どおり半年後ウィーンで再会できたかな？」

映画の主人公たちと同じように夜通しであなたと彼は話して、映画の主人公たちと同じように恋に落ちる。

卒業旅行はユーロスターに乗って一緒にヨーロッパを横断しウィーンに行く約束を、ふたりは交わした。

でもたくさんの大学生のカップルが就職活動を機に別れていくように、あなたと彼は卒業旅行に行くずっと前にダメになってしまう。

それから九年。あなたは『恋人までの距離（ディスタンス）』の続編映画が作られたことを知る。ひとりで見に行くにはちょっと切ない。一緒に見に行きたい相手はたったひとりだけ。

もしも無難な言葉で彼を誘い出すとする。メールで。電話で。友だちごしに。どんなに周到に口実を用意しても、あなたは自分がしたことをきっと後悔するだろう。

相手が誘いに乗れば軽く驚くだろうし、何を考えているのだろうと不安にもなる。

それでも彼はやってくる。待ち合わせ場所から映画館まで歩くふたりはお互いぎこちなくて、会話はちっとも弾まない。以前の彼と変わったところを見つければなぜか腹立たしいし、変わっていなければ進歩がないようでやはり嬉しくない。

相手も自分のことをそんな風に見ているのだろうかと思うと、冷たい汗が背中をつたう。以前の自分じゃないことをアピールしようと、つい饒舌になったり、空回りをしているような気になってふさぎ込んだり。

でもそれも全ては映画が始まるまでの話だ。

「あのふたりはあの後どうなったと思う?」

リンクレーターはちっとも変わっていないんだな、映画の中のイーサン・ホークが演じるジェシーみたいにナイーヴで、彼は相変わらずヨーロッパ映画に恋をしているアメリカの男の子なんだよ、と彼は言う。

八十五分間、パリの街を歩きながらふたりで喋って、喋って、それで映画が成り立つなんて! ちょっとエリック・ロメールみたいだったよね、とあなたは言う。

ふたりが再会する場所のシェイクスピア&カンパニーって、パリで英米文学を売って成功した書店だろう。ヘミングウェイが常連で、最初に『ユリシーズ』を出版したところだ。だからアメリカ人作家のイーサン・ホークが受け入れられてるんだな。

シェイクスピア&カンパニーは昔、私があなたに教えてあげたんだよ。

そう言ってあなたは後悔する。こんなやりとりがきっかけで、ふたりはかつて別れたのに。

映画の中みたいな再会はリアルだと思う?と話題を変えようとしてあなたは彼に聞く。

ファンタジーだと思うと苦い顔で彼は答える。

きっとあなたと同じことを思い出しているのだ。

でも僕はね、急にジュリー・デルピーのセリーヌにまくしたてられて困ってしまうジェシーの気持ちは分かるよ、と彼は言う。

少年の心のままでパリに来た、最低だってジェシーに言うセリーヌの気持ちは分かる、とあなたは言う。

そしてふたりは黙り込んでしまう。

そうだ、『ビフォア・サンセット』を東京でリメイクするとしたら、どこでロケをするのがいいと思う？

沈黙を破って唐突に彼は喋り始める。大学生の頃、映画のことを話していた時みたいな熱心さで。

ふたりが再会する本屋は神保町の崇文荘書店がいいよ、クラシックな店構えでさ。あそこから、前はクレプスキュールの事務所だった御茶ノ水のベルギー・ビールの店まで、ちょうど映画の本屋とカフェぐらいの距離だと思う。それからふたりは歩いて九段下に行くんだ。

なぜ九段下に？

千鳥ヶ淵がセーヌの代わりになるから。あのふたりが喋っている様子をずっとカメラが追っていく公園のシーンは、遊歩道で撮っているんだろう？　千鳥ヶ淵沿いに桜の木がアーチを描くいい遊歩道があるんだよ。知らない？

でも千鳥ヶ淵にセーヌみたいな遊覧船はないよ。浅草ならばあるけれど、とあなたは笑う。でもボートならばあるかもしれない。ボート乗り場があるかどうか、これから行って確かめてみない？

今から？

夕日が落ちるまでには、まだ少し時間があるからと彼は微笑む。

パリで起きることが、東京では起きないなんてことがあると思う？　それとも本当にファンタジーなのかな？

同じ相手とまた恋に落ちることはあるだろうかとあなたは考える。

夕日が落ちる前に。

まだそこから先がある——『ビフォア・ミッドナイト』（13）

ジェシーとセリーヌとは長い付き合いになる。

彼らふたりがヨーロッパ鉄道の列車で出会ったのは、1994年の夏のことだ。ジェシーが声をかけた時、セリーヌはバタイユの『マダム・エドワルダ』を読んでいた。対するジェシーが自分の読んでいる本として掲げて見せたのは、ドイツの破天荒な俳優クラウス・キンスキーの自伝。生意気なアメリカの青年と、ソルボンヌに通うインテリの若い娘の邂逅だった。映画『恋人までの距離（ディスタンス）』（95）＝ビフォア・サンライズのまぶしい始まりである。

ふたりが思い立って、ウィーンの街で一緒に列車を降りてから二十年の間、観客である私たちも彼らと共にずっと旅をしてきたような気がする。ジェシーとセリーヌを演じるイーサン・ホークとジュリー・デルピーは私とほぼ同い年だ。私はふたりと一緒に大人になってきた。

大人になるのはいいことばかりとは限らない。二十年近くの月日が流れ、ジェシーとセリーヌは出会いの時のきらめきをとうに失っている。『ビフォア・サンライズ』の時のふたりは、知的な会話をボクシングのジャブのように交わしながら、お互いを探り合い、相手に自分のいいところばかりを見せようとしていた。九年後、『ビフォア・サンセット』でパリの街にて再会した時、ふたりは前よりも成長していた。それぞれに仕事があり、事情がある。一晩だけ恋をしようと気軽に互いの手を取ってウィーンで下車した時のように、軽はずみなことはできない。ジェシーの方はその時点で結婚して子供もいた。

更に九年後、久しぶりに見たふたりは双子の娘を持つパートナーになっている。ふたりの男女の関係をこんな風に長いスパンで見せる連作映画というものは、他にない。ジェシーとセリーヌは既に互いに相手の限界も、イヤなところも知り尽くしている。ギリシアの島で過ごした楽しいバカンスの最後、それぞれの不満が爆発して激しいケンカになるシーンのふたりの言い合いは、壮絶ですらある。私たち観客はここまでふたりに寄り添ってきて、結局は一組のカップルが時間の経過と共に輝きと愛情を失っていくのを見るだけなのだろうか？

そんなことはない。ジェシーとセリーヌのカップルは、虚勢を張っていた20代の頃よりも、ずっと親密で魅力的である。『ビフォア・ミッドナイト』は「ビフォア」シリーズ三部作の中でもとびきり複雑で、洗練されていて、刺激的だ。

それは主演俳優であるのと同時に、リチャード・リンクレーターと共に脚本も担当しているイーサン・ホークとジュリー・デルピーがこの映画に持ち込むものが前より豊かになったからに他ならない。最初の共演／共作から約二十年。その間、ふたりは俳優としてキャリアを積み、人として様々な経験をしてきた。それぞれ映画の監督作もある。

特にジュリー・デルピーの監督としてのキャリアは目覚ましい。彼女の監督／主演作『パリ、恋人たちの2日間』(07)『ニューヨーク、恋人たちの2日間』(12)の二部作を見ると、デルピーがいかに多くのことをリンクレーター監督から学んできたかよく分かる。主人公たちが街を歩く時のスムーズな動きや、丁々発止のやりとりや、編集のタイム感、ダイアローグの上手さなど。デルピーは、映画作家としてリンクレーターの弟子に当たるといえるのではないだろうか。

イーサン・ホークはむしろ、俳優として舞台で研鑽を積んできた結果が『ビフォア・ミッドナイト』にフィードバックされている。『ビフォア』シリーズの大量のダイアローグはアドリブではなく、全て事前に自分たちで書いて用意したものだ。通して上演すると九時間にも及ぶというトム・ストッパードの演劇『コースト・オブ・ユートピア』三部作をブロードウェイで演じたホークの集中力は、あの自然な演技を支える大きな土台になっているはずだ。

その結果、この映画のクライマックスのケンカのシーンは見応えのあるスリリングなものになった。リンクレーター監督は雑誌のインタビューでこんなことを言っている。

「ジェシーとセリーヌはそれぞれ相手を抑え込むことに長けているんだ。だからモハメッド・アリとジョー・フレージャーの戦いのようになる」

今度のふたりの言葉のつぶては軽いジャブではなく、激しいパンチとなってお互いの胸をえぐる。こんなボクシングの試合のようなケンカをしたら、どんなに愛し合っている恋人同士でも決定的にダメになってしまうのではないか。そう思わせる、臨場感に満ちた長い場面である。しかし、映画はここで終わりではない。一晩の恋から長い付き合いへと転じたジェシーとセリーヌの物語はまだ先があるのだ。ジェシーとセリーヌは観客をラブ・ストーリーの新しい地平へと導く。

出会ったばかりのふたりの間に絆が生まれたのは夜明けの前だった。互いへの変わらない愛を知ったのは日が暮れる前だった。太陽が消えたからといって、そこでふたりが終わる訳ではない。ジェシーとセリーヌのこの連作シリーズのタイトルが常に『ビフォア』を冠しているのは、まだそこから先があるということを意味しているのかもしれない。

真夜中になる前に、私たちは長く付き合ったカップルの間にしか見られない奇跡を目撃する。

ルカ・グァダニーノの「ゴダールならどうする?」

――『胸騒ぎのシチリア』(15)

ルカ・グァダニーノ監督の『胸騒ぎのシチリア』は、1968年のサスペンス映画『太陽が知っている』のリメイク作に当たる。ロミー・シュナイダーとアラン・ドロンの演じるカップルがバカンスを過ごす別荘に、女性の方の元恋人が娘だという若い女性を連れてやってくるというプロットも、役名もほぼそのままだ。

しかし、グァダニーノ監督は自分の作品をオリジナルの焼き直しにはしなかった。原題の「*Bigger Splash*」はデヴィッド・ホックニーの作品タイトルからきているというが、ホックニーの得意なフォト・コラージュのように、この映画も『太陽が知っている』のエレメントをバラバラにして再構築した別の作品といえる。彼が『太陽が知っている』のストーリーを材料として使い、その上に描いたのは、過去と決別し、再生する女の物語だ。ロミー・シュナイダーの役であったマリアンヌを、肉親を失い、声を失い、昔の恋人の到来によって愛まで見失いつつあるロック・スターに変えたことで、サスペンスの意味合いは大きく変化した。更に再構築によって『太陽が知っている』を自分の作品に変えるプロセスにおいて、グァダニーノ監督は自分が尊敬する監督のイタリアを舞台にした作品へのオマージュを織り込み、物語をより複雑で豊かなものに変えている。

グァダニーノ監督はいつも「ゴダールならどうする?」と考えながら映画を作っているというが、この映画の思わぬディテールにゴダール作の引用を見いだすことができる。

ダコタ・ジョンソン演じるペンがプールサイドで読む本だ。彼女が読んでいるのはイタリアのジャーナリスト／作家として名高いクルツィオ・マラパルテの小説『*The Skin*』。マラパルテの名は『壊れたヨーロッパ』（晶文社）といった作品と共に、イタリアの南部、カプリ島の断崖絶壁に建つ彼の別荘、マラパルテ邸によっても知られている。イタリアのモダニズム建築の巨匠、アダルベルト・リベラの作品であるこの邸宅は屋上へとつながる大階段がとりわけ印象的だ。この特徴的な建築をロケで使ったのが、ゴダールの『軽蔑』（63）だ。『軽蔑』では映画の脚本家である夫と女優の妻が、フリッツ・ラングの映画『オデュッセイア』のロケに招かれる。カプリ島に着いたふたりの仲は既にこじれていて、妻のカミーユは夫に「あなたを軽蔑する」と言い放つ。カミーユはカプリの別荘で、映画プロデューサーの男に接近していく……。カミーユを演じたブリジット・バルドーの美しさが忘れがたい。ふたりの関係を取り戻そうとする男。彼を振り払おうとする女。イタリアの島の別荘で繰り広げられる不穏なサスペンス。そして死による残酷な幕切れ。愛の不毛を描いたゴダールの作品と『胸騒ぎのシチリア』には様々な符号が見て取れる。ローリング・ストーンズの「悪魔を憐れむ歌」のレコーディング風景をとらえたゴダールの『ワン・プラス・ワン』(68)のことを考えると、『胸騒ぎのシチリア』におけるストーンズのフィーチャーぶりや、ハリーの話す彼らのレコーディング秘話にも納得がいく。

そのゴダールが「男と女と一台の車とカメラがあれば映画ができる」と絶賛したのが、ロベルト・ロッセリーニ監督の『イタリア旅行』(53)だ。ゴダールは『軽蔑』に自分と当時の妻のアンナ・カリーナの関係性を反映させていたが、この映画の主人公である冷え切った関係の夫婦で妻の方を演じるのは、当時はロッセリーニ夫人であったイングリット・バーグマンだ。『胸騒ぎのシチリア』は『イタリア旅行』へのオマージュだとグァダニーノ監督はインタビューで語っている。彼はマリアンヌをこの映画のイングリット・バーグマンのようなディーバに、強い女にしたかったという。マリアンヌがラストで着ているチェックのトップスとスカートは、『イタリア旅行』でバーグマンが着ているチェックのツーピースからヒントを得たものだ。

『イタリア旅行』も『軽蔑』と同じく、ナポリの別荘が大きな舞台となっている。この映画の夫婦はそこからボンペイへの旅で、お互いへの愛を再び見いだす。この映画でマリアンヌがもう一度手にするのは自分の真実だ。事件の展開は同じでも、『太陽が知っている』のラストは悲劇だった。一方、この映画の結末では、マリアンヌの過去や罪を洗い流すかのような浄化の雨が降る。

代償を払い、かつて手にしたものを失いながらも、過去を振り切った女を祝福するようなこのラストは『ミラノ、愛に生きる』(09)とも共通するものがある。死によって打ちのめされながらも、前を見て歩く。『ミラノ、愛に生きる』と『胸騒ぎのシチリア』によって彼のミューズとなったティルダ・スウィントンに、グァダニーノ監督はそんな永遠のヒロイン像を見いだしたのである。

大人になりきれない、今時の大人の恋愛
――『おとなの恋は、まわり道』(18)

男性は50代。女性は40代。それぞれに実り多き人生を送り、長い道のりを経て、思いがけない恋に落ちる。そんなプロットからあなたはどんな映画を想像するだろうか。

ぱっと思い浮かぶのは、スタンリー・ドーネンが撮ったロマンティック・コメディの名作『無分別』(58)だ。国際派女優と、NATO(北大西洋条約機構)に勤める渋い男の恋愛。女優は男に心惹かれながらも、彼に妻がいることがネックになって、先に進むことができない。しかし、彼の結婚の話は気楽な独身生活を守るために男がついた嘘だったということが発覚する。男を演じたのはケイリー・グラント。公開当時は、54歳。相手役の女優はイングリッド・バーグマンで43歳。酸いも甘いも嚙み分けたふたりが恋のゲームに興じる様子はチャーミングで、豊かだ。ほぼふたりだけの会話劇だったが、主演ふたりの貫禄で充分に華やかだった。

時は流れて2018年。『おとなの恋は、まわり道』では、男女が空港で出会う。男性は年齢不詳。女性も年齢不詳。列を追い抜こうとした、追い抜こうなんてしていないという子供っぽ

い言い争いが始まる。ふたりは同じリゾート婚の出席メンバーで、男性は花婿の異父兄弟、女性は花婿の元婚約者だ。ほぼふたりだけのやりとりでストーリーが進む会話劇で、そこのところは『無分別』にも似ている。しかし、どういうことだろう。このふたりの言動は全然大人ではないのである。そこがリハーサル・ディナーの席でも、ゲストのためのアトラクションでも、結婚式本番でも、このふたりがいる場所は、まるでハイスクールのカフェテリアで負け組が集うテーブルのようだ。ふたりは世を呪い、花嫁や花婿、かしこまったその他のゲストをバカにし、リゾート婚をこき下ろし、挙げ句の果てには「(どうせ意味なんて作り物なのに)なぜ私たちは生きているの?」とティーンエイジャーのようなことを口にする。もう結構長いこと、人生を生きているはずなのに! ちゃんとキャリアも積んでいる立派な大人なのに!

男性のフランクを演じるキアヌ・リーヴスは54歳。『無分別』の時のケイリー・グラントと同い年だ。相手役のリンジーを演じるウィノナ・ライダーは47歳。あの時のイングリッド・バーグマンより四つ年上である。

フランクとリンジーが一体いくつなのか劇中では明かされていないが、ティーンの頃から驚くほどルックスの変わっていないキアヌとウィノナが演じていることを考えると、俳優の実年齢よりも若い役なのかもしれない。10代や20代の頃のキアヌ・リーヴスとウィノナ・ライダーは、世間からはみ出した若者がよく似合った。そのふたりが自然に年齢を重ねた先にある大人像というと、こうなるのだろうか。しかし、年齢と経験を重ねているだけに、世を拗ねたかのようなふたりの姿勢は厄介である。こういうのを「こじらせている」というのだ。ふたりは、若さに未練がある訳ではない。実際に芯が若くて青いのだ。その青いところをどうしていいか分からないまま、ここまできてしまった。そしてお互いに行き着いたのである。

最近はこんな風に、どうやって大人になればいいのか分からない30代や40代を主人公にした映画が目立つ。ノア・バームバックの『ヤング・アダルト・ニューヨーク』(14)もそうだったし、ジャド・アパトーの私小説的な作品『40歳からの家族ケーカク』(12)もそうだ。今時の大人たちはいい年齢になってもまだ思春期から抜け出せず、悩んでいる。一昔前は就職すれば、家庭を持てば、子供ができれば人は大人になれると思われていた。現代の事情はずっと複雑である。希望があるとしたら、ある年齢に達したからといって大人ぶって、そこで成長を止めてしまう必要はないということに、みんな気がつきはじめた点だろう。

『おとなの恋は、まわり道』は、傷ついて偏屈になったふたりがよく似たステージにいる人間を探り当てて、今いる場所から一緒に抜け出そうとする物語だ。欺瞞だらけの世の中から。退屈なリゾート婚から。大人になりきれない自分から。

導いたり、導かれたりするのではなく、どちらも成長の過程で迷子になったのだと認めて、一緒に歩んでいくこと。それこそが今時の大人の恋愛なのかもしれない。フランクとリンジーは大人なだけあって、ティーンよりはるかに豊かなボキャブラリーで世間に対して悪態をつくこともできるし。

初出一覧

はじめに　鑑賞のスーベニール　書き下ろし
はじめてのルノワール　『ピクニック』劇場パンフレット（発行　クレスト・インターナショナル）
どうしようもない私たちの物語　『タイニー・ファニチャー』劇場パンフレット（発行　グッチーズ・フリースクール）
不器用な女子を祝福する「ハ」　『フランシス・ハ』劇場パンフレット（発行　エスパース・サロウ）
レディ・バードのきらめく傷あと　『レディ・バード』劇場パンフレット（発行　東宝株式会社 映像事業部）
アメリカのコメディエンヌたちの最前線　『ブライズメイズ』劇場パンフレット（発行　株式会社アステア）
勝ち組女子のその後　『バチェロレッテ あの子が結婚するなんて！』劇場パンフレット
（発行　東宝株式会社 映像事業部）
コメディのロマンティック・ヒーロー、エイミー・シューマー　『アイ・フィール・プリティ』劇場パンフレット
（発行　松竹株式会社）
ガールズ・ワールドの共通言語　『ビューティフル・デイズ』劇場パンフレット（発行　有限会社エデン）
17歳をめぐる名作たち　『17歳』劇場パンフレット（発行　松竹株式会社）
愛らしいアマチュアリズムが胸を締めつける　『ゴッド・ヘルプ・ザ・ガール』劇場パンフレット
（配給　アット エンタテインメント株式会社）
少女たちが貪る甘美な悪夢　『ネオン・デーモン』劇場パンフレット（発行　東宝株式会社 映像事業部）
今を生きる私たちに贈る彼女のストーリー　『コレット』劇場パンフレット（発行　東宝株式会社 映像事業部）
ラス・フォン・トリアーが大嫌い　ブログ *Romantic au go! go!*
少女の普遍を描いたダークなおとぎ話　『イノセント・ガーデン』劇場パンフレット
（発行　東宝株式会社 映像事業部）
いつか、その夢から覚めたとき　『ガール・オン・ザ・トレイン』劇場パンフレット（発行　東宝株式会社 映像事業部）
20世紀の女たちへ　（発行　松竹株式会社）

ジェシカ・チャステインの体現するアンチ・ヒーローな女性像　『女神の見えざる手』劇場パンフレット
（発行　東宝株式会社 映像事業部）
男のいない女たちの世界　『*The Beguiled*／ビガイルド 欲望のめざめ』劇場パンフレット
（発行　東宝株式会社 映像事業部）
まるっきり山岸凉子のマンガみたい　「ケトル」２０１１年4月号（太田出版）
光が差す方向に、少女たちは走る　『裸足の季節』劇場パンフレット（発行　ビターズエンド）
彼女と、彼女に見捨てられた町の物語　『さよなら退屈なレオニー』劇場パンフレット（発行　ブロードメディア）
タータン・チェックのプリーツ・スカートよ永遠に　「Spur」２０１４年６月号（集英社）
アメリカ女子大生ファッション・クロニクル　「アンドプレミアム」２０１６年４月号（マガジンハウス）
いま、最もオシャレな映画監督は誰？　「Spur」２０１５年10月号（集英社）
「コッポラ二世」、実はロマン派　「Spur」２０１４年5月号（集英社）
映画人からファッションを学ぶ　2009 Swanky adam de rope（アダムエロペ）
純白であるほど罪が深い、ホワイト・スーツの美学　ISETAN MEN'S ファッション・ニュース２００７年春号
ファッションから浮かび上がる60年代南部の女性たち　『ヘルプ ～心がつなぐストーリー～』劇場パンフレット
（発行　東和プロモーション）
アルモドバル監督が描く憧れの女優たち　『抱擁のかけら』劇場パンフレット（発行　松竹株式会社）
オスカー・アイザックが着ていたコート　書き下ろし
ファッション・ショーのために見る映画　書き下ろし
ブログによって広がる「ささやかだけど豊かな小宇宙」　『ジュリー&ジュリア』劇場パンフレット
（東宝株式会社 映像事業部）
イースト・ヴィレッジでエリナ・リグビーを探す　『ラブストーリーズ』劇場パンフレット（発行　ビターズエンド）
映画愛に溢れたニューヨークのファンタジー　『マイ・ファニー・レディ』劇場パンフレット（発行　彩プロ）
映画の中に残されたブルックリンの奇跡　『スモーク』再上映時劇場パンフレット（発行　東急レクリエーション）

ニューヨークと自然史博物館とデヴィッド・ボウイ　『ワンダーストラック』劇場パンフレット（発行　KADOKAWA）
丸の内と若尾文子が輝いていた時代のコメディ　「CREA」2015年2月号（文藝春秋）
東京女子が素敵な映画　「CREA」2015年3月号（文藝春秋）
ジョン・ヒューズならどうする？　「STUDIO VOICE」2006年9月号
思春期前夜のスランバー・パーティ　『アメリカン・スリープオーバー』劇場パンフレット
（発行　グッチーズ・フリースクール）
今をときめくコメディアンたちがみんなで過ごした、あの夏　『ウェット・ホット・アメリカン・サマー』
劇場パンフレット（発行　グッチーズ・フリースクール）
永遠の少女と大人になってしまう少年の悲しみ　『モールス』劇場パンフレット（発行　東宝株式会社 映像事業部）
新たな青春映画のスタンダード　『きっと、星のせいじゃない。』劇場パンフレット（発行　東宝株式会社 映像事業部）
ねえ、暗闇の中にいる君　「真夜中」No.12（株式会社リトル・モア）
映画の中のティーンエイジャーのお部屋　「Spur」2015年7月号（集英社）
正統派ビーチ映画としての『スプリング・ブレイカーズ』　「ケトル」2012年6月号（太田出版）
ジョン・ヒューズの「1958年の夏休み」　ブログ *Romantic au go! go!*
奇妙な救世主、カットニス・エバンディーン　『ハンガー・ゲーム *FINAL*: レボリューション』劇場パンフレット
（発行　東宝株式会社 映像事業部）
スモールタウンのアメリカ的なイノセンス　『マンチェスター・バイ・ザ・シー』劇場パンフレット
（発行　東宝株式会社 映像事業部）
フィクションとノンフィクションの境目　『アメリカン・アニマルズ』劇場パンフレット（発行　ファントム・フィルム）
ループする思春期　「ケトル」（太田出版）2012年4月号
大人になれない世代のための、新しい青春映画　『ヤング・アダルト・ニューヨーク』劇場パンフレット
（発行　東宝株式会社 映像事業部）
ハッピー・エンドのために〜ロマンティック・コメディ映画における12のルール　ブログ *Romantic au go! go!*

恋のゲーム、神様のゲーム　『夏の夜は三たび微笑む』劇場パンフレット（発行　ザジフィルム）
拝啓　ティモシー・シャラメ様　「フィガロジャポン」2018年8月号（CCCメディアハウス）
まなざしだけがふたりをつなぎとめる　『ポルト』劇場パンフレット（発行　マーメイドフィルム）
メイク・ミー・ブルー　『ムーンライト』劇場パンフレット（発行　ファントム・フィルム）
バリー・ジェンキンスの恋人たち　『ビールストリートの恋人たち』劇場パンフレット
（発行　東宝株式会社 映像事業部）
ウィーン・パリ・東京　九年間のディスタンス　『ビフォア・サンセット』劇場パンフレット
（発行　ヘラルド・エンタープライズ）
まだそこから先がある　『ビフォア・ミッドナイト』劇場パンフレット（発行　Bunkamura ル・シネマ）
ルカ・グァダニーノの「ゴダールならどうする？」　『胸騒ぎのシチリア』劇場パンフレット（発行　松竹株式会社）
大人になりきれない、今時の大人の恋愛　『おとなの恋はまわり道』劇場パンフレット
（発行　東宝株式会社 映像事業部）

名画座日記　ブログ*Romantic au go! go!*
私のニューヨーク映画ベストテン　ブログ*Romantic au go! go!*
私の好きな2010年代ロマンティック・コメディ　書き下ろし
私たちのための、新しいマリリン・モンロー　『マリリン・モンロー　瞳の中の秘密』劇場パンフレット
（発行　松竹株式会社）
永遠の反逆少女、ウィノナ・ライダー　「Spur」2018年9月号（集英社）
キルスティン・ダンストだけが起こせる奇跡　『アップサイドダウン』劇場パンフレット（発行　KADOKAWA）
ジェシカ・チャステインの体現するアンチ・ヒーローな女性像　『女神の見えざる手』劇場パンフレット
（発行　東宝株式会社 映像事業部）
アニエス・ヴァルダを愛さずにはいられない　「GINZA」2019年8月号（マガジンハウス）

あとがき

私の単独名義で出す映画の本は、これで二冊目になる。

自分が気に入った過去の仕事をランダムに選んだはずだが、それでもまとめてみると、キーワードが浮かび上がってくる。少女と女性、思春期、ロマンス、都会。

私はいろんなタイプの映画が好きで、作品に求めるものもその時々で様々だが、自分の言葉で語れるものやテーマについては限られている。人から見たら軽薄に見えるようなことでも、それを真摯に追いかけてきた。きっと仕事を依頼する方も今まで書いたものを見て、私のことをそういう主題を追求している書き手として見てくれているのだと思う。

映画に対する私の好みは偏っているので、この映画を見ないと通《ツウ》とはいえない、こういう見方こそが映画における正解なのだというような、大上段に構えたことはいえない。

1998年にテキスト・サイトを立ち上げて、最初に作ったのがロマンティック・コメディ映画のコーナーだった。その頃と変わらず今も、軽くて、洒落ていて、ハッピーな作品が好きだ。シリアスでも社会派でもない他愛のない映画に人生の真実がふと浮かび上がるような瞬間があると、胸をつかまれてしまう。

一方で、思わぬジャンルの作品に私が好きな軽やかさやセンチメンタルな美しさを見つけることもある。映画におけるそういう官能や感傷を、分かち合うことができたら素敵だ。

パンフレットに書いた原稿の転載を快諾してくれた人たちに感謝を。これからもいい映画と観客の架け橋になって下さい。微力ながら私も協力していきます。

書評エッセイ集である前著『優雅な読書が最高の復讐である』の題字を書いてもらったリアン・シャプトンさんには、今回ジョージ・キューカーの『女たち／女性たち』のワンシーンのイラストを表紙に使わせてもらった。大好きなイラストレーターが描いた大好きな映画の場面。ただひたすら、嬉しい。デザインの川畑あずささん、あちこちに書いた原稿をまとめてくれたDU BOOKSの稲葉将樹さん、お世話になりました。どうもありがとうございます。

山崎まどか

二〇一九年九月

山崎まどか

コラムニスト。女子文化全般、海外カルチャーから、映画、文学までをテーマに執筆。

著書に『オリーブ少女ライフ』（河出書房新社）『女子とニューヨーク』（メディア総合研究所）『イノセント・ガールズ』（アスペクト）『優雅な読書が最高の復讐である』（DU BOOKS）、共著に『ヤングアダルトU.S.A.』（DU BOOKS）、翻訳書にレナ・ダナム『ありがちな女じゃない』（河出書房新社）など。

映画の感傷
山崎まどか映画エッセイ集

2019年11月1日　初版発行

著者　山崎まどか
装画　リアン・シャプトン
ブックデザイン　川畑あずさ
編集　稲葉将樹（DU BOOKS）

発行者　広畑雅彦
発行元　DU BOOKS
発売元　株式会社ディスクユニオン
東京都千代田区九段南3-9-14
編集　tel 03-3511-9970／fax 03-3511-9938
営業　tel 03-3511-2722／fax 03-3511-9941
http://diskunion.net/dubooks/

印刷・製本　大日本印刷

Special Thanks
岩下祐子、衣笠なゆた、古谷文雄、戸村敏彦、戸田史、花井優太、藤田衣麻、降矢聡、山本久美子、綿貫あかね、アット エンタテインメント株式会社、株式会社INFASパブリケーションズ、株式会社彩プロ、株式会社太田出版、株式会社KADOKAWA、株式会社クレストインターナショナル、株式会社CCCメディアハウス、株式会社ザジフィルムズ、株式会社集英社、株式会社新日本映画社、株式会社東宝ステラ、株式会社東急レクリエーション、株式会社ファントム・フィルム、株式会社ブロードメディア、株式会社文藝春秋、株式会社マガジンハウス、株式会社リトル・モア、グッチーズ・フリースクール、松竹株式会社、東宝株式会社、有限会社エデン、有限会社ビターズ・エンド、有限会社マーメイドフィルム、有限会社ロングライド

ISBN978-4-86647-096-2
Printed in Japan

Endleaf(back) photo credit : Capital Pictures / amanaiamages

彼女のひたむきな12カ月

アンヌ・ヴィアゼムスキー 著　原正人 訳　山内マリコ 解説

「産経新聞」「美的」「エル・ジャポン」「Zipper」「映画ナタリー」などでも紹介。

鹿島茂氏、四方田犬彦氏も絶賛!

ゴダールに恋した青春の日々。19歳のアンヌの葛藤と成長を描く、自伝的小説。

祖父モーリヤック、ジュリエット・ベルト、フランソワ・トリュフォー、ジャンヌ・モロー……時代を彩る綺羅星のごとき人々と過ごした激動の1年を、ゴダールの元妻アンヌ・ヴィアゼムスキーが瑞々しく描く。

本体2400円+税　四六　336ページ

いま見ているのが夢なら止めろ、止めて写真に撮れ。

小西康陽責任編集・大映映画スチール写真集

小西康陽 監修　山田宏一、山田参助 ほか

いま世界でいちばんヒップで美しい映画写真集ができた——小西康陽
大映作品の約二千作品・数万点に及ぶスチールのストックのなかから、魅力的なものを音楽家・小西康陽がディレクション。映画評論家の山田宏一氏、漫画家の山田参助氏、音楽家の遠藤倫子氏によるエッセイのほか、『炎上』や『ぼんち』などのスチール写真を撮影した西地正満氏、日本映画の黄金時代を支えた名優・杉田康氏へのインタビューも所収。

本体3000円+税　B5変形(横長)　272ページ　上製(糸カガリ)

映画監督はサービス業です。

矢口史靖のヘンテコ映画術

矢口史靖 著

「矢口監督ほど映画に一途に恋をしている方を僕は知りません」——妻夫木聡
『ウォーターボーイズ』『スウィングガールズ』『ハッピーフライト』と誰もが楽しめる娯楽映画を生み出してきた矢口史靖。その制作の裏側には、取材、脚本の執筆、絵コンテ制作、特撮、編集、音楽まで、全てを自身でコントロールする"細かすぎる"姿が。笑いながら読めちゃう矢口式映画術!

本体2300円+税　A5　240ページ

デビュー作の風景

日本映画監督77人の青春

野村正昭 著　宮崎祐治 絵

デビュー作を知らずして、映画は語れない!

映画評論家・野村正昭による人気連載が、大幅に加筆され単行本化。

サイレント・戦争もの・ピンク・自主制作・実験映画・娯楽作品……、戦前からゼロ年代の映画監督による処女作77本を紹介。マキノ雅弘『青い眼の人形』から上田慎一郎『カメラを止めるな!』まで、デビュー作と、それらをたどることで見えてくる、もうひとつの映画史とは。宮崎祐治氏による全監督の似顔絵付き!

本体2800円+税　四六　496ページ

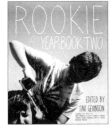

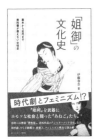

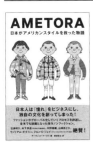

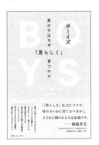